改訂版

施設実習
パーフェクトガイド

守 巧・小櫃智子
二宮祐子・佐藤 恵

わかば社

改訂版 はじめに

施設実習は、実際に福祉施設の現場に入り、子どもや利用者との直接的なふれあいのもとで学習していく貴重な機会です。これまで養成校の授業で学んできた理論を実践の場で検証する営みであり、学びの総仕上げともいえるでしょう。実習を控えているみなさんにとっては、もしかしたら期待よりも不安のほうが強いかもしれません。筆者の経験では、実習を前にして実習担当の教員に小さなことから大きなことまで何度も質問をしたり、持ち前の笑顔が消え表情が固かったりしていた実習生が、実習がおわってみるとこちらが驚くほど生き生きとした表情で戻ってくることがあります。普段の授業では学べないことを学んできている証拠で、あらためて現場の力の大きさを感じるとともに実践の大切さを痛感します。

施設実習の大きなねらいは、実習生が施設の子どもや利用者の日常生活に身をおくことで、そこで繰り広げられている日常をともにする当事者として、内側から保育や社会的養護を体験することです。つまり、子どもや利用者と生活しながら、そこで生起する出来事に対して実習生が主体的に「かかわっていく」ことです。そこでは喜びや楽しさだけではなく、ときに複雑なマイナスのイメージや感情を受ける場面があるかもしれません。実習生はその場に応じて自分自身の考えや感情を調整しながら、子どもや利用者の眼差しに真摯に向き合わなければなりません。したがって、子どもや利用者が示す言動の背景を理解しようとする洞察的なかかわりが求められるのです。また、実習で十分に力を発揮し学びを深めるために押さえておくべきポイントがあります。それは“事前に実習の「意義」「目的」「心構え」などを明確に理解し、主体的に実習に取り組むこと”です。

本書は、計画的な学びを行うことを目的として、施設実習の内容を時系列で確認できるよう「実習前・実習中・実習後」と３部で構成されています。また、知識を身につけることはもちろん、より体験的に学べるよう「Let's try」を各所に取り入れています。さらに自分に置き換えて考えることができるように、具体的な事例や疑問を解消するための「Q&A」も盛り込んでいます。理論をはじめ、実践的な内容を可能な限り平易な言葉で理解しやすいように配慮し述べています。改訂版では、最新の法令や制度などに対応し、より充実した内容を掲載しています。ぜひ、実習前から常に手の届くところにおき、すぐに確認ができるようにしてください。さらに本書は実習可能なすべての施設について、解説されていることが大きな特徴といえます。かならずやみなさんが困ったときの一助になるはずです。

実習は新しい自分を発見できるすてきな時間でもあります。義務的な姿勢で臨むのではなく、意欲的に取り組むことで充実した時間が過ごせるのです。そしてぜひ、保育士としての「未来の自分」を探してください。さあ、出発です！

2023 年 10 月

著者代表　守　　巧

Contents

Part2 施設実習 中 に確認しておこう

Part3 施設実習 後 に確認しておこう

本書について

- とくにしっかりと押さえてほしい箇所は、本書内では青字のゴシック表記で記してあります。
- 本書では、厚生労働省の「保育実習実施基準」で推奨されている、保育士資格取得を希望する人が実習を行う際に対象となる保育所および幼保連携型認定こども園以外のすべての施設を掲載しています。ただし、全国に一つしかない「独立行政法人国立重度知的障害者総合施設のぞみの園」は個別には取り上げていません。「障害児入所施設」と共通する部分が多いため、こちらを参照してください。
- 本書の障害名の表記については学校教育制度で使用されている分類方法に従い、発達障害については「発達障害者支援法」に基づいて解説しています。
- 実習前・実習中・実習後で、とくに演習してほしい部分に「Let's try」の演習課題を設けてあります。シミュレーションなど繰り返し行ってみましょう。
- 「column」「事例」「知っておきたい 施設実習 基礎知識」「Q&A」を随所に設け、具体的な実習内容について理解が深まるよう、実例を多く掲載してあります。

Part1

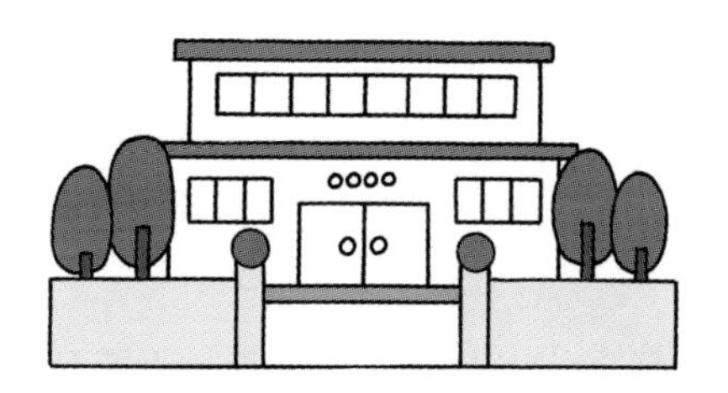

施設実習前に
確認しておこう

1 施設実習とは何か

施設実習の意味や学びを確認しよう

施設実習に臨むにあたって不安が強い学生は多いのではないでしょうか。不安が強い理由は、幼稚園や保育所、認定こども園の実習と比べてみると整理することができます。

幼稚園・保育所・認定こども園実習は、自分自身が通った経験があったり、近隣の園を目にするなど、何となく実習先のイメージがわきやすい人が多いと思います。そのため、「手遊びを覚えなければ」「子どもたちの前でうまくピアノが弾けるだろうか？」など、実習での課題や不安も自分自身で意識しやすいのではないでしょうか。しかし、施設実習は実習先の施設を具体的にイメージできないため、課題や不安の「対象」が明確にできにくい面があります。さらにみなさんの中には「保育士資格を取得する目的は、保育所で働くためで、施設で働く気はないから必要ないのでは……」と考え、施設での実習に戸惑いを感じている人もいるかもしれません。このような不安や戸惑いを解消するためにも、**施設実習の意味や学びをしっかりと確認し実習に備えていきましょう。**

施設実習の概要について確認しよう

施設実習は、保育士養成課程における必修科目として「保育実習」内に位置づけられており、保育所以外の児童福祉施設等（成人の福祉施設も含む）を対象とした実習になります。保育実習は、大きく分けると「保育所での実習」と「施設での実習」から成り立ちますが、保育士資格がある人の多くは、保育所に勤務しているため、これも先に述べたように施設実習のイメージがわかない理由の一つかもしれません。

施設での実習先は、児童福祉施設である児童養護施設、乳児院、障害児（者）施設など（本書 p.18 ～ 21 参照）があげられます。実習先からわかるように、保育士がかかわる対象者の年齢層には幅があり、それぞれに対応できる知識や力量が求められます。それだけではありません。施設での保育士の仕事は、子どもや利用者に対する日常の生活介助や援助から、遊びや学習の指導、家庭や地域の人々への子育て支援までも求められます。これらの職務を行うためには、施設の子どもや利用者の生活を短期的・長期的にとらえていきつつ、児童虐待などの問題、心身の障害からくる問題、反社会的行為を繰り返す子どもの問題など、そこで生活する人たちを取り巻く諸問題に対応できることが求められます。したがって、**幅広い視野をもち、高い専門性を身につけていることが不可欠**になります。

養成校で保育実習に施設実習が必修の理由として、保育所だけではなく、それ以外の施設における**あらゆる問題に対応できるだけの高い技術をもった保育士を養成することを目指している**からだということができます。

このことを踏まえると、施設での保育士の役割は子どもや利用者への生活全般にわたる援助を通じて、発達段階やその人の資質に適切に対応しながら温かく、ときには厳しくかかわりながら、多くの愛情をもって接し、発達過程における欲求を満足させ、自立に向けて成長を支えていくということになります。つまり、子どもや利用者の人格形成に大きな影響力をもっているという重要な存在といえます。

施設実習を通してさまざまな困難を抱えた子どもや利用者、そしてその家族に対応する技術を身につけることができるのです。高い専門性を身につけるためにも施設実習を経験することは必須となります。

実習は専門性を高め、深める絶好のチャンスでもあります。実習を経験するがゆえに、新しい学びと出会いがあります。就職や資格取得のためと短絡的に考えるのではなく、**自己の成長の場として、また自己の再発見の場として施設実習をとらえるとよい**のではないでしょうか。この点を十分に理解した上で施設実習に臨んでいきましょう。

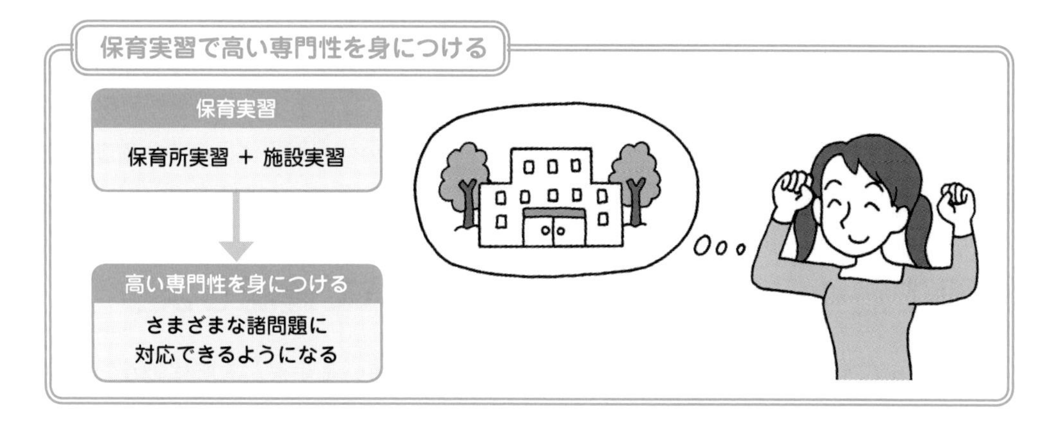

子どもや利用者の生活を支えるということを理解しよう

施設は、その施設を利用する人たちの生活の場です。子どもや利用者の生活を支えるためにさまざまな職種の人が専門領域で仕事をしています。その中で保育士は、日常生活の援助・支援を核として、利用する人たちの養護や適切な生活習慣を身につけることを基本としながら、自立するための援助を行っていきます。たとえば、日常の生活習慣の定着、保健衛生などの人間が生きていく上で求められる最低限必要な衣食住、また子どもや利用者の学習、社会性、個性を育むことなどの援助や支援を行います。これらが基本的な援助・支援事項ですが、保育士は生活全般について、利用する人に対して総合的に対応していく役割を担っているといえます。生活を支えるということは、その場のみをとらえていく営みではなく、**総合的に援助・支援をする営み**ということができます。

施設実習の基本的理解

施設における保育士について確認しよう

保育士は、施設の子どもや利用者にとってもっとも身近な存在といえます。子どもや利用者と直接的にかかわることがもっとも多く、その人たちの気持ちを受け止め、ほかの専門職と連携・協力して、より適切な援助を行っていく重要な役割を担っています。質の向上に務めるためには、それぞれの領域の専門性を理解することも必要となります。保育所以上に施設は、福祉関係や医療関係などの資格をもつ人が専門職として役割分担をしながら、**「質の高い生活」を目指して「ニーズに応じた専門的知識・技術」**を提供するために取り組んでいます（施設の種類によって多少異なります）。つまり、**お互いの役割分担や連携を理解し、チームワークを重視しながら自分の仕事を遂行していく**のです。

養護系の施設であれば、児童指導員や支援員、看護師、心理士、栄養士、障害系の施設では、医師や理学療法士（PT）などの職種の人たちとかかわります。このように多様な職種の内容やその役割を担う人との連携の実際を、養成校の学習だけではなく、施設実習を通して、実際にその場に身をおき体験することで学びを深めていきます。

施設で働く保育士の職務内容について確認しよう

保育所の子どもの多くは、保護者のもとから保育所へ通いますが、入所施設などの場合、施設の子どもや入所者にとっては施設が生活の場そのものとなります。したがって、仕事の内容は、入所している人たちの生活全般（衣食住）に対して援助を行うことになりますが、施設によって保育士の仕事の質や量には相違があります。日常的なかかわりを通して、その場面に応じて柔軟に対応を変えながら、ときには憧れの先輩として、ときには社会人の見本として生活を支えていきます。また、**障害やさまざまな課題や困難をもつ一人ひとりの特性とともに内面を理解し、その育ちと発達に専門的にかかわっていくために、幅の広い職務内容と役割を担っている**のです。

施設実習の目的について学ぼう

施設の子どもや利用者を理解する

施設の子どもや利用者はさまざまな事情を抱え生活をしています。そのため利用する人のこれまでの生育歴や身体的・心理的状態を適切に理解することは不可欠となります。とくに心の理解のための基礎知識は、実習前に十分に学んでおきたいものです。

施設に入所または利用するということは、家庭での生活が困難であったり、生活や機能回復訓練などを受けるためであったりします。また、利用したい施設が近隣になく、生活の場を施設に移して生活をしていることも考えられます。つまり、施設の子どもや利用者の多くは何らかのストレスを抱えていることが予想されます。たとえば、虐待を受けてきた子どもは心に傷を負っています。心の傷から対人関係や感情体験にさまざまな問題を抱える傾向があります。しかし、そのような子どもの心の理解は、専門職でもむずかしいのが現実です。ましてや数週間しかかかわらない実習生に詳細を理解することは到底不可能です。したがって実習生は施設の子どもや利用者を「適切に理解し、どのように援助・指導していこうか」と気負うのではなく、まずは子どもや利用者が歩み寄りやすくするために、「(実習生である) **私をどう理解してもらうか**」を念頭においてかかわっていきましょう。

社会的意義と援助内容を学ぶ

まずみなさんは、施設の子どもや利用者は「家族と一緒に生活ができない、あるいは生活することが許されないなど、何らかの理由があって利用・入所している」ということを理解しておくことが大切です。そして、その**子どもや利用者の「生活の場・活動の場」に身をおいて実習をする**ことも理解しましょう。実習生のみなさんは、勉強のために「生活の場・活動の場」に入ります。みなさんの**日常生活に突然知らない人が入ってきたらと考えると、自然と自分の立ち居振る舞いがイメージできる**のではないでしょうか。

施設の目的や役割は関連する法律によって基本的な定めはありますが、実際には各施設の理念によって運営内容や雰囲気が違ってきます。実習生はそれぞれの施設の特徴を理解した上で、「生活の場・活動の場」での保育士の援助やかかわりを学んでいきましょう。

施設でのコミュニケーションのとり方を学ぶ

保育所実習と同様に、施設実習でも目標や課題を定めて臨むことで学びが深まります。施設実習では、コミュニケーションを中心とした目標を定める実習生が多くいます。目標としては理解できますが、実は具体的に考えておかないと目標を達成するのはむずかしいといえます。一方的なコミュニケーションに陥らないよう気をつけつつ、「伝えたいことが伝え合えた」という実感がわくような関係を目指すことからはじめましょう。

とくに心に傷を負った子どもや問題行動から施設での生活を余儀なくされた子どもは、用心深く、心を開いてくれない場合が多いものです。また、障害がある人の場合は、言葉でのコミュニケーションに頼って生活している私たちにとってコミュニケーションを深めることは容易ではありません。「言葉を使ったコミュニケーション」にとらわれず、**表情やしぐさをていねいに観察し、状況を判断しつつ、焦らず関係を築いていくこと**が求められます。

3 実習に対する不安

実習への不安を取り除こう

施設実習がはじまると不安が先行して、実習そのものの目的を見失う実習生は少なくありません。後ろ向きな気持ちから、最終日を指折り数えているようでは、「主体的」で「意欲的」な実習を行うことはできません。

では、施設実習に対する不安を取り除くためにはどうしたらよいのでしょうか。不安を取り除く方法として、**実習へ向かう心構えや事前準備を確実に行う**ことがあげられます。不安を抱いたまま実習に取り組むと思わぬ失敗や事故にまでつながることもあります。心構えや事前準備を整理し、**常に笑顔で、積極的に実習に臨みましょう**。

事前準備

事前準備を怠ると、いざ実習がはじまってもただ漠然と行動し、実習を「こなす」だけになります。また実習生の意識や知識があまりにも不足していると職員をはじめ子どもや利用者にも多大な迷惑をかける可能性があります。実習をより実りの多い体験にするために、実習を引き受けていただいた施設全体に迷惑を及ぼさないためにも、事前準備は欠かすことができません。

事前準備として必要なことは、**施設を理解すること**です。施設をより理解することで当該施設の社会的役割、職員の構成や仕事、施設の日常を把握することにつながります。各施設によってその設置目的や役割が違います。各施設は、**どのような目的で設置され、どのような機能を有しているのかしっかりと理解しておきましょう。**

またあらかじめ実習に必要な教科の学習内容の確認をしておくことも、精神的な不安の解消につながります。具体的には、「社会福祉」「社会的養護Ⅰ・Ⅱ」「子ども家庭福祉」などに関するテキストや講義内容について、実習開始までに精読、または振り返っておくとよいでしょう。さらに関連科目として「保育の心理学」「子ども家庭支援の心理学」「障害児保育」などの**保育分野に関するテキストにも目を通しておく**と役に立つでしょう。

職員は、施設の子どもや利用者の洗顔や歯磨きの援助、食事の指導や援助、衣服の整理整頓など実に多様な生活全般にわたる指導や援助を行います。職員が担当している業務や役割を把握し、施設全体の活動の中でそれがどのように展開されているか、事前に学んでおくとよいでしょう。また、施設には多様な専門性を有した職員が配置されています。実習先の**施設にはどのような専門職が配置されているか事前に調べておきましょう**。また、職員はそれぞれの専門性に応じたアプローチを実践しています。そこには、専門性が生かせるように適切な連携があります。これらの点も把握しておくとよいでしょう。

各施設によって日課は異なりますが、実習生は自分の**実習先の一日の流れを理解し、その中で職員がどのような動き（援助・支援）をしているか理解しておくこと**も大切です。こうした準備で自分自身の動きや役割も明確に見えてくるはずです。実習先の施設については、オリエンテーションの際にパンフレットをいただけると思いますので参考にするとよいでしょう。また、養成校において実習を依頼する施設先は毎年同じ施設の場合が多いため、先輩から体験談を聞いたり、実習日誌を見せてもらったりするなどしておくと施設の日々の流れが理解しやすいでしょう。

施設実習前に十分に確認しよう

	事前準備確認事項	check
実習先の情報を整理し理解を深める	・施設はどこにあり、どのような交通手段を利用するのか	
	・施設の母体は、社会福祉法人か、公立か、民間施設か	
	・施設には、どのような歴史があり、現在に至っているのか	
	・施設の利用者数、入所定員、年齢構成、利用・入所理由はどのようなものか	
	・施設の敷地面積や建物配置、職員室や利用者の居室はどのように配置されているか	
	・施設にはどのような専門職が働いており、何人配置されているか	
	・施設での職員の勤務体制（シフト勤務など）はどのようなものか	
	・施設の養護方針（子どもや利用者への援助の方向性）の内容はどのようなものか	
	・施設の子どもや利用者はどのような生活を送っているのか	
	・施設の年間行事には何があり、実習中にはどのような行事が行われるか	
先輩から情報を得て備える	・施設実習を受け入れている頻度はどの程度であったか	
	・実習を担当する子どもや利用者のグループは、固定制もしくは変動制であったか	
	・実際にどのような生活援助業務を行ったか	
	・施設の子どもや利用者とのかかわりでよかったことや困ったことは何か	
	・自分自身の言動で注意したこと、または注意を受けたことは何だったか	
	・責任実習において工夫した点や反省点、ほめられた点や助言などは何か	

心構え

事前準備をしながら、次に実習へ臨むにあたっての心構えを整理していきましょう。

① 自分を知ることからはじめる

施設の子どもや利用者とともに「生活をする」ということは、その人本来の人間性が出やすくなることを意味します。したがって施設実習に取り組むにあたって自分を知ることが大切な作業となります。たとえば、長所は「好奇心が強い」「誰とでもすぐ話せる」「ユーモアがある」などがあげられます。逆に短所は「人見知りが激しい」「時間にルーズ」「環境の変化に弱い」などがあげられます。みなさんは自分の長所・短所を言えますか。相手をよく知りたいと思うならば、まずは**自分を知りそれを自覚し、相手に伝えることからはじめましょう。そこから関係がスタートする**のです。

実習は誰にとっても不慣れな環境のため、最初は落ち着いて取り組むことがむずかしいといえます。必要以上に緊張をする実習生も多いのではないでしょうか。このような環境では、短所が出やすくなるので、注意が必要となります。したがって、適切に自分の長所や短所をとらえ、実習中においては冷静で客観的な判断や言動を心がけましょう。

② 平常心を心がけるために

実習中は、思いどおりにいかないことの連続です。逆に思いどおりにいったら、実習自体必要がないと考えてよいでしょう。「思いどおりにいかなくて当たり前」くらいに受け止め、まずは**実習先がつくっている集団のルールや雰囲気に慣れましょう**。そして職員と利用者との関係をていねいに観察しながら過剰に「よいことがあっても浮かれない」「悪いことがあっても沈まない」ように心がけ、**子どもや利用者との「つかず離れず」の距離感を保ちながらかかわっていきましょう**。

実習体験を通して成長した先輩の姿から学ぼう

施設実習でさまざまなことを感じ、学ぶことで、実習前後で「自分自身の生活」「施設・子どもや利用者の見方」が変わる実習生は多く見受けられます。次にあげる事例は、児童養護施設で実習を行った実習生Ａ子さんの振り返りです。

事例１ ☺ 施設実習を通して自分の生活が変わった！

児童養護施設の実習を通して人として大切なことを学びました。「実習だから○○をしなければならない」というより、日々の生活をどのように過ごしているかを理解することが大切であることがわかりました。普段意識しないことでも少し意識しただけで入所している子どもの生活を支えることができるのだと感じました。たとえば、洗濯物をたたむ際でも「名前が消えていたら書く」「穴があいていたら縫う（穴の状態を確認する）」「何色が好きかを知り、好みを把握する」などの「たたむ」という行為だけでもこれだけの動きがあります。またその衣服をしまう際でも「下着が見えないようにしまう」「保育士が行うのではなく、発達に応じて子ども自ら整理整頓する必要があるか考える」などの配慮もあります。

普段、何気なく生活していると、何も考えずに過ごしていることでも、少し意識するだけで子どもの生活が支えられることを学ぶことができました。そして、実習を通して自分の生活も変わりました。実習は決して「実習中」だけがんばればよいわけではなく、普段の生活を少し意識するだけで変わるのだということが理解できたように思います。

実習当初Ａ子さんは、不安と緊張が強く、最後まで取り組めるか自信がありませんでした。しかし施設で生活する子どもたちと過ごすうちに、職員のていねいなかかわりを実際に見ることで変化が生じ、自分自身の生活にも変化をもたらせました。

次の振り返りは、保育所実習が思うような評価を得られず、「今度こそ！」という思いで施設実習に臨んだＢ美さんの振り返りです。

事例2 **未来の保育士を育てるための実習**

私は、周囲からの評価を得ようとするあまり「職員からどのように見られているか」を気にしすぎていました。それが職員に伝わり、反省会で「評価を気にしているようだけど、まず実習の目的はどのようなことでしたか？　私たちは、B美さんを評価するために実習を受け入れたわけではないですよ。実は、社会ではまだまだ施設の子どもたちがおかれている現状は知られていません。そのためにも私たちと一緒になって子どもたちを応援してくれる未来の保育士を育てるために（実習生を）受け入れているんですよ」と言われました。私は、自分が情けなく、とても恥ずかしくなりました。

Ｂ美さんは、実習を通して施設の現状を知り、それ以降の実習に対する姿勢が「どう見られたいか？」から「どうしたいか？」に変わりました。職員のアドバイスにより、その後の実習は失敗を恐れずに積極的に取り組むようになり、充実した実習になりました。

では次に障害者支援施設で実習したＣ也さんの振り返りです。

事例3 **基本的なかかわりはどの実習も同じ**

障害者支援施設での実習の配属を知らされたとき「成人の方の施設で、しかも今まで知的障害者と接したこともない。どういうふうに接したらよいだろう」と不安でした。しかし、実際に実習を行い、直接利用者と接していくうちにこれまで自分が偏見をもっていたことに気づかされました。また、職員が接しているのを見ると基本的なかかわりは、これまでの実習と変わりがないように感じました。

私は、最初「言葉でのやりとりができないのにどうやってコミュニケーションをとったらよいのか」と困惑しました。あらためて自分が言葉に頼って生活をしていることに気づかされました。実際に利用者とやりとりをしていくうちに、何となく会話のようなものができるようになりました。できるようになると自然とかかわることができ、楽しくなっていきました。それとともに、言葉に頼りすぎた生活や言葉を発することが困難な人とのかかわりを避けてきた自分を恥ずかしく思いました。

コミュニケーションがとれるようになると利用者のほうからそばにきてくれたり、スキンシップをとってきてくれたりするようになり、とてもうれしく思いました。

Ｃ也さんは、障害についてさまざまなことを考え、自分の偏見に気づき、公平な人間観の大切さを体験から学び取りました。実習の体験が、「Ｃ也さんという人間」を成長させたことはいうまでもありません。

実習までに身につけておくこと

施設実習への不安はなくなりましたか。はじめての実習に不安があるのは当たり前ですが、先に述べたように、施設実習をポジティブにとらえ、みなさんにとって実り多い実習となるようにしましょう。さて、充実した実習にしていくためには実習までにぜひとも身につけておきたいことがあります。以下にあげることは、実習に必要な基本的な事柄であるとともにとても重要なことです。

大人としてのマナー・礼儀を身につけよう

実習では学内の授業とは異なり、施設という場に身をおきながらそこで生活する子どもや利用者とふれあい、職員の一人として仕事の体験をしながら学ぶことになります。学生という立場ではありますが、社会人として必要なマナーや礼儀が求められることになるでしょう。まして子どもが24時間生活する施設では、**大人として子どものモデルとなるようなマナーや礼儀がとても重要**です。

たとえば、服装や頭髪（色・形）など、身なり一つをとっても施設の子どもや利用者にさまざまな影響を与えることとなります。身なりはその人のアイデンティティを表すものであり、どのように身なりを整えるかはとても大切です。その意味では他者から自分の身なりについて強制されることは好ましいことではありません。しかし、自分本位にどのような場においても好きな身なりをしてよいというわけではありません。とくに実習現場のように明確な社会的目的や役割をもって動いている組織の中に身をおく場合には、その組織に合った身なりが求められます。施設の子どもや利用者に刺激を与えたり、不快に感じさせるような、露出の多い服装や派手な身なり、不潔な身なりは当然好ましくありません。個人的な趣味を優先させるのではなく、**実習の場がどのような場であるかを理解し、その場に合った身なりを心がけましょう**。

また、言葉づかいや振る舞いも同様です。普段、学生同士で使っている言葉や振る舞いはいかがですか。施設の子どもや利用者に対して、施設の職員に対してふさわしいものでしょうか。若者言葉といわれるような言葉ではなく、敬語やていねいな言葉で会話はできますか。言葉づかいや振る舞いなどは、すぐに身につくものではありません。普段から心がけておくことが必要でしょう。

児童福祉施設等に関する知識を身につけよう

施設実習での体験が確かな学びへと結びつくためには、**事前に児童福祉施設等に関する基本的な知識を身につけておくこと**が必要になります。何も知らずに施設での実習を進めてしまうと、適切な実習のねらいがもてないために、学びが行き当たりばったりになってしまい、深まっていきません。その施設の目的や機能、役割、対象となる子どもや利用者の生活の実際、課題となっていることなど、事前知識があることで、学びの視点が明確になり、適切な実習課題も設定できるでしょう。そのことで、実習の現場でも自ら動くことができたり、積極的に質問したりして学びを深めることができるはずです。

先にも述べたとおり、施設について理解することで不安も解消されることでしょう。児童福祉施設等については、普段から養成校での授業の中でしっかり学習しておきましょう。また、次頁以降に各施設の概要がまとめられていますので、実習前までにはもう一度復習して施設の知識を身につけておくようにしましょう。

生活技術を身につけよう

入所施設では、子どもたちが通ってきて「一日のある時間帯」だけを過ごす幼稚園や保育所、認定こども園とは異なり、一日24時間切れ間なく生活しているという状況があります。実習生はそのような中に身をおき、子どもあるいは利用者とともに生活し、その生活を支援する体験をします。たとえば、掃除や洗濯、児童養護施設では食事をつくることも職員の仕事であり、実習生として体験します。**普段から自分自身の生活の中で、このような生活技術を身につけておくこと**が必要です。

Let's try 生活技術について確認しておこう

実習前に、掃除、洗濯、調理などの生活技術について確認しておこう。わからなかったり、むずかしいことは家族や身近な人で家事が得意な人に聞いてみよう（本書 p.56 参照）。

STEP ① 掃除用具の正しい名称や使い方について確認しよう。雑巾の絞り方、ほうき・モップなどの掃除用具のもち方・使い方を友人と実際に行ってみて、お互いに確認し合おう。

STEP ② 洗濯をするときの留意事項やポイントを友人と確認してみよう。手洗いで洗濯を行う場合や全自動の洗濯機、二槽式の洗濯機の基本的な使い方を確認しておこう。

STEP ③ 実際に調理を行ってみよう。米のとぎ方、野菜などの皮のむき方や包丁の使い方、野菜の切り方など確認しておこう。

施設の種類と概要

実習先の施設について確認しよう

ここでは、保育士資格の取得を希望する人が実習を行う際に対象となる施設について解説します。本書では、保育所および幼保連携型認定こども園と全国に一つしかない「独立行政法人国立重度知的障害者総合施設のぞみの園」を除き、厚生労働省の「保育実習実施基準」において推奨されたすべての種類の施設を取り上げています。まず、施設ごとに、概要でどのような法令・制度のもとで運営されているのか説明し、次に、各施設の主な特徴について示しています。すべての施設に共通する重要な概念は「知っておきたい 施設実習 基礎知識」にまとめましたので、実習先にかかわらず、すべての項目を理解するようにしてください。

施設の区分について確認しよう

実習先となる福祉施設では、子どもや利用者、またその家族に対し、養護・療育・自立支援などの社会福祉サービスを通じて、生活の質の向上を図ることを、その目的としています。児童福祉法には、さまざまな児童福祉施設が規定されていますが、設置目的に応じて、**養護系・障害系・育成系**の３種類に大別することができます。

養護系の施設では、原則 18 歳までの子どもに対して、養護や自立支援などのサービスを行います。障害系の施設では、障害のある子どもに対し、療育や自立訓練などを行います。ただし、障害系の入所施設では、障害のある子どもだけでなく、18 歳以上の人も同じ施設内に居住していることがあります。育成系の施設では、子どもの健全な育成を図ることを目的としています。養成校では、可能な限り児童福祉施設で実習できるよう努力していますが、厚生労働省の「保育実習実施基準」によれば、障害者施設も保育士養成課程での実習先として含めてよいことになっています。そこで本書では、障害者施設も取り上げ説明します。また、子ども・利用者・家族の抱えている問題によって、ふさわ

実習先の施設の種類

養護系の施設
- 児童養護施設
- 乳児院
- 母子生活支援施設
- 児童相談所一時保護施設

障害系の施設
- 児童施設
  - 福祉型／医療型 障害児入所施設
  - 児童発達支援センター
- 成人施設
  - 障害者支援施設
  - 障害福祉サービス事業所（生活介護・自立訓練・就労支援）

育成系の施設
- 児童厚生施設
- 児童自立支援施設
- 児童心理治療施設

しい支援方法も変わってくるため、保育士として最低限は踏まえておくべき必要な知識についても解説します。養護系の施設であっても、何らかの障害のある子どもが、近年、増え続けています。とくに発達障害の増加が著しく、二次障害も加わって、高度な対応が求められています。その一方で、障害系の施設でも虐待経験のある子どもが大勢います。障害がある子どもは、そうではない子どもに比べて育てにくいことが多く、虐待を受けやすい傾向があるためです。実習先の施設の種類や障害の有無にこだわらず、本書に記載してあることは、基礎知識として学習しておきましょう。

児童福祉施設のもう一つの分類方法として、その生活形態に着目し、**入所系・通所系・利用系**の3つに分類することもできます。児童養護施設などの**入所系の施設では、施設そのものが生活基盤であるのに対し、通所系の施設では、生活基盤となる家庭から通い、一日のうちの一定時間を過ごします**。なお、本来は入所系の施設である児童養護施設・乳児院・母子生活支援施設・児童自立支援施設・児童心理治療施設でも、退所した子ども・家族へのアフターケアやその地域に施設を開放して通所サービスも提供しています。児童館などの**利用系の施設は対象者が広く、開放されています**。通所系と利用系の施設の違いは、施設を利用する子どもや大人があらかじめ決められたメンバーに制限されているかどうかです。

児童福祉施設の運営は、地方自治体や社会福祉法人が担って行われてきましたが、近年、企業やNPO法人も参入しています。施設サービスの質を一定レベル以上のものに保つために、厚生労働省は、施設の種別に応じて「運営指針」や「ガイドライン」等を定めています（本書p.29参照）。

障害児施設の体系については、児童福祉法改正により、2012（平成24）年から大きく変わりました。児童福祉法が制定された1947（昭和22）年以来、長らく、障害種別に応じて、障害児施設は分類されてきました。しかし、「制度の谷間」といわれるように、旧来の障害種別ではとらえにくい障害の場合（たとえば発達障害や障害が重複した人）、必要とするサービスを受けにくいという問題点がありました。また、人数が少ない障害の場合（たとえば視覚障害）、身近な地域で利用できないことが多かったのです。

そこで、身近な地域で、必要なサービスを提供することを目指すために、障害種別にこだわらず、おおまかに区分することになりました。旧区分では「知的障害児施設」「知的障害児通園施設」などとされていた施設は、「**福祉型障害児入所施設**」「**児童発達支援センター**」となりました。「重症心身障害児施設」などの施設は、「**医療型障害児入所施設**」へと移行しました。ただし、旧区分のころから実施されていたサービスは、新区分に移行してからもその施設の特徴となりますので、本書では旧区分と新区分を使い分けながら説明しています。

また、児童相談所には、一時保護のための施設が付設されていることがあります。児童福祉法では、児童福祉施設として定められておりませんが、実習先になることもあるため、本書では「児童相談所一時保護施設」として取り上げ掲載しています。

次頁のLet's tryで、それぞれの施設の種類と生活形態、子どもや利用者、職員について確認し、それぞれの根拠となる法令と目的について調べまとめてみましょう。

Let's try

それぞれの施設について確認しよう

それぞれの施設について確認し、その根拠となる法令等および目的を調べ、表を完成させよう。

施設の種類			形態	主な対象者	保育士以外の主な職種※2
養護系		児童養護施設	入所※1	保護者のいない児童、虐待されている児童、その他環境上養護を要する児童	医師、心理療法担当職員、児童指導員、個別対応職員、家庭支援専門相談員、里親支援専門相談員、栄養士、調理員
養護系		乳児院	入所※1	乳児（とくに必要な場合は幼児も含む）	医師、看護師、心理療法担当職員、児童指導員、個別対応職員、家庭支援専門相談員、里親支援専門相談員、栄養士、調理員
養護系		母子生活支援施設	入所※1	配偶者のいない女子またはこれに準ずる事情のある女子、その者の監護すべき児童	医師、心理療法担当職員、母子支援員、少年を指導する職員
養護系		児童相談所 一時保護施設	入所	一時保護を加えた児童	医師、看護師、児童指導員、栄養士、調理員
障害系	児童施設	福祉型 障害児入所施設	入所※1	障害児	医師、看護師、心理指導担当職員、児童指導員、児童発達支援管理責任者、栄養士、調理員
障害系	児童施設	医療型 障害児入所施設	入所	障害児	医師、看護師、理学療法士または作業療法士、心理指導担当職員、児童指導員、児童発達支援管理責任者、栄養士、調理員
障害系	児童施設	児童発達支援センター（児童発達支援事業所を含む）	通所	障害児	医師、看護師、機能訓練担当職員、児童指導員、児童発達支援管理責任者、栄養士、調理員
障害系	成人施設	障害者支援施設	入所	障害者	医師、看護師、生活支援員、サービス管理責任者
障害系	成人施設	障害福祉サービス事業所（生活介護）	通所	障害者	医師、看護師、理学療法士または作業療法士、生活支援員、サービス管理責任者
障害系	成人施設	障害福祉サービス事業所（自立訓練）	通所	障害者	看護師、理学療法士または作業療法士、生活支援員、サービス管理責任者
障害系	成人施設	障害福祉サービス事業所（就労支援）	通所	障害者	職業指導員、就労支援員、生活支援員、サービス管理責任者
育成系		児童厚生施設	利用	児童	児童の遊びを指導する者
育成系		児童自立支援施設	入所※1	不良行為をなし、またはなすおそれのある児童、環境上の理由により生活指導等を有する児童	医師、心理療法担当職員、児童自立支援専門員、児童生活支援員、個別対応職員、家庭支援専門相談員、栄養士、調理員
育成系		児童心理治療施設	入所※1	軽度の情緒障害を有する児童	医師、看護師、心理療法担当職員、児童指導員、個別対応職員、家庭支援専門相談員、栄養士、調理員

※1　注記の入所施設では、通所サービスとして退所した子ども・家庭に対しての相談などのアフターケアや地域の人に向けたトワイライトステイなどを行っています。

STEP ① それぞれの施設について確認しよう。

STEP ② 各施設が定められている法令等を調べて書き出してみよう。

STEP ③ 法令等に定められている各施設の目的を書き出して、表を完成させよう。

根拠となる法令・条文・条項等	目的	本書参照頁
		➡本書 p.28 ➡本書 p.64 ~ 65
		➡本書 p.29 ➡本書 p.66 ~ 67
		➡本書 p.30 ➡本書 p.68 ~ 69
		➡本書 p.31 ➡本書 p.70 ~ 71
		➡本書 p.32 ➡本書 p.72 ~ 75
		➡本書 p.32 ➡本書 p.76 ~ 77
		➡本書 p.33 ➡本書 p.78 ~ 81
		➡本書 p.34 ➡本書 p.82 ~ 83
		➡本書 p.35 ➡本書 p.84 ~ 85
		➡本書 p.35 ➡本書 p.84 ~ 85
		➡本書 p.35 ➡本書 p.84 ~ 85
		➡本書 p.36 ➡本書 p.86 ~ 87
		➡本書 p.37 ➡本書 p.88
		➡本書 p.37 ➡本書 p.89

※2 「保育士以外の主な職種」では「児童福祉施設の設備及び運営に関する基準」(厚生労働省)等に基づき、全国の配置実績と照らし合わせながら、配置がすすめられている職種を記載しています。本表では、見やすさを考慮し、各職種は近接領域でまとめて掲載しています。なお、各施設解説(p. 28 〜 37)では上記基準等に記載されている名称で解説していきます。

子どもや利用者が抱える問題について理解しよう

施設の子どもや利用者を理解したり、かかわったりしていく上で、その人が抱えている問題やその背景を把握しておくことは重要です。ただ、実習生がそれらを知ることで「あの子は○○だから、△△ができなくても仕方がない」といった、偏見やラベル貼りにおわってしまう恐れもあります。その一方で、子どもや利用者の抱えている問題とその対応の基本を踏まえないまま、ただ一生懸命かかわっていこうと努力をしても、うまくいかないことが多いのも事実です。次にあげるような問題を押さえながら「どの問題が日常生活での振る舞いやコミュニケーションの中で影響しているのか」という観点から考えてみると、何か手がかりがつかめることでしょう。

被虐待経験からの問題

身体的虐待・性的虐待・心理的虐待・ネグレクトの4つに分類されますが、いずれも、子どもの心に深い傷を残します。虐待を受けた子どもは基本的信頼感を育む上で重要な人物である養育者との間に、不適切な人間関係が生じてしまいます。しかし、子どもはその不適切な人間関係のもとで生き抜かざるをえないため、結果として、不適切なコミュニケーション方法を身につけてしまうことが多いのです。そのため、養育者以外との人間関係にも悪影響が及び、その後の人生においてさまざまな症状や問題行動として現れてくる場合もあります。

たとえば、実習生に対しては、「**試し行動**」や「**注意獲得行動**」がよく起こります。施設の職員の前ではしない、望ましくない行為（たとえば、施設の規則を違反する行為を許容するよう要求する、差別語をいう）を実習生の顔色をうかがいながら繰り返し行う姿が見られます。これらは将来、円満な社会生活を送る上で障壁となる行動であるため、安易に認めてしまったり、無視してしまったりするのではなく、なぜいけないのか、子どもにもわかる言葉で明確に伝えましょう。これと同時に、「試し行動」や「注意獲得行動」が起こる背景について考察を深め、望ましい行為に置き換えられるよう粘り強く援助していくことが大事です。

不適切な養育環境から派生する問題

障害がある人の中には、養育者や援助者から、障害特性を正しく認識してもらえないために、「やる気がない」などと誤った評価を受けたり、必要な援助を受けられなかったりすることがよくあります。このような不適切な環境に長くいると、本来ならば簡単にできるはずの事柄も困難になってしまう、などの**二次障害**が生じやすくなります。その具体的な症状としては、①自尊心の低さや引きこもりなどの**非社会的問題行動**、②粗暴・暴言などの**反社会的問題行動**、③うつや神経症などの**精神疾患**といったさまざまな現れ方をします。

二次障害の症状発生のメカニズムは、科学的に解明されていませんが、発達障害および被虐待経験との間に深いつながりがあることが指摘されています。児童養護施設では発達障害からくる問題をあわせもつ子どもが増加する一方、障害児入所施設でも虐待からくる問題を抱える子どもが増えています。したがって、**実習先の施設の種類にこだわらず、虐待や障害から生じる問題について幅広く理解しておくこと**が、実習生には求められています。

さまざまな障害について理解しよう

発達障害

かつては障害全般を発達障害と呼んでいましたが、2004（平成16）年の**発達障害者支援法**の制定以降は、**自閉症・注意欠陥多動性障害・学習障害**に限定されるようになりました。学校現場では、およそ6％（十数人あたり1人以上）の子どもが相当するといわれています。

自閉症とは、アスペルガー症候群・その他の広汎性発達障害などを含む幅広い概念ですが、①他者への心情理解のむずかしさ、②他者に対する的確な応答のむずかしさ、③想像力をめぐる困難をカバーするための常同的行動である「こだわり」の出現の3つが主な特徴です（本書p.72参照）。注意欠陥多動性障害（ADHD）とは、①年齢に不釣り合いな注意力の低さや、②衝動性・多動性を特徴とする障害です。学習障害（LD）とは、学習活動に必要な技能である「読み」「書き」「計算」等のいずれかが極端に苦手であり、ほかの能力との著しいアンバランスがある状態を指します。

発達障害の人が共通して抱えている問題として、コミュニケーションの困難があげられます。このため、**発達障害の子どもには、情報をわかりやすく伝える工夫が必要**となります（本書p.74参照）。現場では援助技法として、施設内の物的環境を生活の目的に応じて空間を区切ったり、その日の出来事の予定をイラストで示したりするなど、複雑な情報や抽象的な情報を視覚的にわかるように整理する「構造化」が活用されています。

なお、アメリカ精神医学会が2013（平成25）年に改訂した『DSM-5』の日本語翻訳指針によれば発達障害に該当する用語は、「自閉スペクトラム症」「注意欠如・多動症」「限局性学習症」と表記されることになりました。また、2022（令和4）年には『DSM-5-TR』が示され、時代により診断名は少しずつ変化しています。しかし、現場では従来の診断名がそのまま使われていたり、発達障害者支援法の表記に従っていることが多いようです。本書では発達障害者支援法に基づいて述べます。

知的障害（精神発達遅滞）

知的障害では、法律に定められた定義は存在しないため、療育手帳の交付など客観的な判定が必要な際は、どの程度まで社会生活に適応しているかで判断されます（本書p.35参照）。一般的には、「認知や言語などにかかわる知的能力」や、「他人との意思の交換、日常生活や社会生活、安全、仕事、余暇利用などについての適応能力」が同年齢の人に求められるまでには至っておらず、支援や配慮が必要な状態かどうかで判断します。

知的障害をもたらす原因にはさまざまなものがありますが、保育士がかかわる機会の多い**ダウン症候群**について説明しましょう。ダウン症候群の人は、遺伝情報を伝える46本の染色体の数を１本だけ多くもって産まれてきたため、全身の筋肉の緊張度が低く、全体的にゆっくり発達していきます。心臓疾患をもつ人が多く、感染症にかかりやすいといわれていますが、ほとんどの場合、通常と変わらない社会生活を送ることができます。頑固な面もあるものの、基本的には穏やかで人なつっこい気質の人が多いといわれています。

知的障害のある人に対しては、**わかりやすく情報を伝える**だけでなく、**相手のペースに合わせられるよう、気持ちにゆとりをもって待つ**ことも大事です。

視覚障害（盲・弱視）

視力のない状態を「**盲**（もう）」と呼び、**点字**を使って読み書きをします。矯正視力が0.03以下の状態は「**弱視**」と呼ばれ、**拡大コピー**などの支援が必要となります。人間の情報収集手段は視覚に頼ることが多いため、視覚障害がある場合、日常生活上および学習上、種々の困難が生じることは、容易に想像がつくでしょう。それらをおおまかに分類すれば、①場所移動の困難、②文字の読み書き、および図形や絵の理解・表現の困難、③食事・衣服の着脱・排泄など日常生活動作の困難があげられます。そのほかに、周囲の様子がわからなかったり、不安感をもったりするために、積極的に探索して情報を収集することがむずかしくなる場合もあります。また、自分で自分が今している動作を確認することがむずかしいために、日常生活動作の習得に時間がかかることもあります。

やりとりの際には、**聴覚・触覚・嗅覚などを最大限に活用**しましょう。盲児といえども、まったく見えないという状態の子どもばかりとは限らず、光覚などが利用できる場合もあります。弱視の子どもは、まぶしさや視野の狭さなどの問題を抱えていることが多いので、拡大コピーだけに頼らず、どのような支援方法があるか、職員に相談してみましょう。歩行のつき添いをするときは、まず一声、行き先を告げ、盲児からあなたの手や腕をつかめるように配慮すると、安心感をもってもらえます。急に引っ張ったりすると、転倒する危険があるので注意しましょう。

聴覚障害（ろうあ・難聴）

聴覚とは、単に環境に存在する音を知覚するだけではなく、その音の意味するところを理解したり、楽しんだりすることも大切な活動といえます。しかし、聴覚に障害があると、このような音声言語の習得を円滑に進める音の入力が困難になるため、言語発達上、遅れが生じて、発話も困難になりがちです。

聴覚障害とは、耳介（耳たぶ）から大脳神経に至るまでの経路のどこかに障害がある場合を指します。音のエネルギーが大脳に至る前の器官の障害である「**伝音難聴**」と、大脳神経の障害である「**感音難聴**」の２種類があり、聞こえにくさも違います。現在の技術では、聞こえにくさを客観的に把握することはむずかしいため、主観的な困難を汲み取るように心がけましょう。通常、聞こえにくさを補うために**補聴器**を装着しますが、近年、手術によって**人工内耳**を体内に埋め込むケースも増えつつあります。

聴覚障害のある人同士のやりとりでは、**手話**が用いられることも多くありますが、**読話**（どくわ）

（相手の唇の形から発話内容を推測する技術）も重視されています。手話や読話では表情も大きな手がかりとなります。聴覚障害のある人とやりとりをするときは、**相手に対して、自分の表情が見えやすい姿勢をとり、ジェスチャーも活用**しましょう。日常的なあいさつなどの手話も習得しておくと、かかわるきっかけがつくりやすくなります。

肢体不自由

原因疾患に関係なく、永続的な運動障害がある場合、肢体不自由と呼ばれます。もっとも多いものは**脳性麻痺**で、症状に応じて、痙直（けいちょく）型（筋肉が硬直し動けなくなってしまうタイプ）・アテトーゼ型（筋肉を意志どおりに動かせず不随意運動をしてしまうタイプ）などに分類されます。ほかの原因疾患として、**筋ジストロフィー**（加齢とともに筋肉の働きが失われていく疾患）や**二分脊椎**（生まれつき脊髄神経が形成不全である状態）がよく見られます。また、事故による**中途障害**なども含まれます。

運動面の困難は、姿勢保持の工夫と運動・動作の補助的手段の活用によって軽減することができます。その補助的手段として、座位姿勢の安定のためのいす・移動のためのつえ・歩行器・車いす、室内にとりつけられた手すりなどのほか、もちやすいように握りを太くしたりベルトをとりつけたりしたスプーンや鉛筆、着脱しやすいようにデザインされた衣服などがあります。**理学療法士（PT）や作業療法士（OT）のアドバイスを受けながら、工夫していくと**よいでしょう（本書 p.27 参照）。

病弱・身体虚弱

疾病が長期にわたる（見込みを含む）状態で、その間、病状や健康状態に応じて、運動、日常の諸活動（歩行、入浴、読書、学習など）および食事の質や量について手厚い配慮が必要なものをいいます。どんなに病状が重くても急性（一過性）の疾患は含まれません。

かかわる際には、疾病そのものがもたらす困難に加え、次のような困難が付随してくることを理解しておく必要があります。年齢が低い場合、長期にわたる入院や施設生活では家族と離れる期間が多くなり、分離不安によって心理的に不安定な状態となりがちです。年齢が高くなっても、社会経験の場や機会が限定されがちであるため、学力や社会性を育むことがむずかしく、経験不足に陥りやすくなります。生命の保持を最優先にしつつも、**子どもの時期にふさわしい経験が得られるような機会を確保するための配慮が必要**です。

情緒障害

教育制度上の分類では、心理的な要因による**選択性緘黙（かんもく）**などを指します。かつては自閉症も含まれていましたが、現在では発達障害というカテゴリーに入れることが多くなりました（本書 p.23 参照）。ほかに**非社会的問題行動**（引きこもりなど）や**反社会的問題行動**（盗みや暴力など）で、社会生活への適応がむずかしい子どもも含まれ、児童心理治療施設の対象となります。これらすべて、医学的な原因はいまだに解明されていませんが、心理的な要因が強く働いているといわれます。したがって、援助の基本姿勢としては、**子ど**

もや利用者との間に強い信頼関係をつくることや、安心できる場や時間の確保に努めることとがあげられます。

重度重複障害（重症心身障害）

重度の知的障害と肢体不自由がある状態を指し、常に医療的な対応が必要な人も含まれます。重複障害では、それぞれの障害がもたらす困難が加算的に加わるというよりも、相乗的に増幅されるため、支援がむずかしくなります。たとえば、聴覚障害のある人の場合、手話などの視覚的な手段によって、生活上の不便さを補われます。しかし、聴覚と視覚の両方に障害がある場合、手話というコミュニケーション手段を利用できなくなり、支援方法の選択肢が狭まるわけです。

さまざまな職種と連携し、あらゆる角度からアプローチしていくことが重要です。言葉によるやりとりがむずかしくても、**スキンシップをしたり、子どもや利用者の表情や快・不快のサインを読み取る努力を続けたりすることで、コミュニケーションが充実すること**でしょう。

医療的ケア

医療的ケアとは、経管栄養の管理、たんの吸引、導尿、酸素療法、人工呼吸器による呼吸管理などの医療行為を指し、これらを日常的に必要とする子どもたちは「医療的ケア児」と呼ばれています。園では、看護師および医療的ケアに関する研修を受講して認定をうけた職員のみ、医療的ケアを行うことができます。その他の職員や実習生は、医療的ケア児に対し、**ていねいに体調把握や観察しながらコミュニケーションを取り、普段とは違う感じがしたときは、すぐに周囲の職員と情報共有すること**が大事です。

てんかん

てんかんとは、脳波異常を原因とする疾患です。障害がある人は、まわりの人に比べ、発症の確率が高いといわれています。障害系の施設の実習では、**てんかん発作**の場面に遭遇することもありますので、十分に理解しておきましょう。

てんかんとは、大脳において情報処理をつかさどる脳波の異常状態を指します。脳波異常の程度が大きい場合、てんかん発作として観察されるようになります。まわりの人も気づかないような小さな発作もあれば、転倒してけがに至るような大きな発作もあります。体が大きくなっても発作で転倒してしまうことが多い場合は、頭部のけが防止のために保護帽（ヘッドギア）を着用します。適切な医療対応をすれば、８～９割の人は成人期には完治しますが、施設入所者には難治性のてんかんで、薬による発作のコントロールが困難なケースが多く見られます。発作のタイプに応じて診断名も異なりますが、脳波検査だけで診断することはむずかしく、日ごろからの注意深い観察をもとに、薬が処方されることが多いようです。そのため職員には、**確実な服薬援助および発作の際の対応と観察記録**が求められます。

多職種連携について理解しよう

施設を利用する人はさまざまな問題を抱えているため、施設では専門職がチームを組んで、それぞれの専門知識や技術を生かせるように連携をとりながら仕事をしています。幼稚園や保育所、認定こども園に比べ、施設で働く保育士は、より多様な職種の人と連携することが求められます。それぞれの職種ごとに異なる専門教育を受けているため、たとえ同じ業務を担っていても、優先順位などで意見が食い違うこともあります。しかし、立場や援助の仕方は違っていても「子どもや利用者の生活の質の向上」を目指している点では同じです。

ここでは、それぞれの職種の役割や主な業務内容について確認しておきましょう。実習先では、保育士がさまざまな職種と連携していく中で、どのようにその専門性を発揮しているのか、じっくりと観察してみましょう。

保育士が連携するさまざまな職種

職種	内容
児童指導員	生活指導や学習指導など、子どもと直接的にかかわる仕事のほか、家庭支援や地域の子育て支援も担う。教育・福祉系の大学卒業者などが任用される。
心理療法（指導）担当職員	子どもや保護者へのカウンセリング・心理療法・心理指導や、施設職員への指導助言などを行う。心理系の大学卒業者などが任用される。
個別対応職員	担当をもたず、被虐待児などの個別対応が必要な子どもにマンツーマンでかかわったり、その保護者への支援を行ったりする。任用のための条件はとくに定められていない。
理学療法士（PT）	歩行などの全身運動機能を訓練する理学療法の国家資格。
作業療法士（OT）	食事・着替えなどの日常生活動作を訓練する作業療法の国家資格。
機能訓練担当職員	障害特性に応じた訓練を行う。PT、OT、言語聴覚士等が任用される。
家庭支援専門相談員（ファミリーソーシャルワーカー）	入所児の早期家庭復帰のための家庭支援、退所児へのアフターケア、地域の子育て支援などを行う。社会福祉士や、実務経験５年以上の職員などが任用される。
児童発達支援管理責任者	障害系の児童施設における個別支援計画の管理などを担う。実務経験者で必要な研修を修了した者などが任用される。
サービス管理責任者	障害系の成人施設における個別支援計画の管理などを担う。実務経験者で必要な研修を修了した者などが任用される。

※各職種は「児童福祉施設の設備及び運営に関する基準」等に定められた任用条件のもとに配置されます。

子どもや利用者の呼び方を確認しておこう

年齢や性別にかかわりなく、「～さん」と呼ぶのが基本です。性別や年齢によって、職員からの働きかけに大きな違いが出ないよう配慮するためです。職員と子どもや利用者とのつき合いが長い場合など、親しみを込め「～ちゃん」と呼ぶこともありますが、実習生がそのまま、まねしてしまうと失礼になることもあります。施設ごとに考え方の違いがあるので、オリエンテーションのときに子どもや利用者の呼び方を確認しておきましょう。

次頁以降、実際に実習を行う施設の概要と特徴について、具体的に確認していきましょう。

児童養護施設

児童養護施設の概要

児童養護施設は入所系の児童福祉施設です。児童養護施設は保護者のいない子どもや虐待を受けている子どもなど、**養護上の問題を抱える児童が入所**しています。入所している子どもは基本的には18歳以下の乳幼児や児童ですが、2024（令和6）年度より、退所年齢制限を撤廃し、18歳を過ぎても生活できるようになっています。

現在、児童養護施設はできる限り家庭に近い形で子どもたちが生活できるよう小規模化への取り組みが進められており、**小規模グループケア**（施設内で6人の子どもを対象に家庭的できめ細かい対応を行う）や、**地域小規模児童養護施設**（地域の一軒家などで一般家庭と同じような形で4～6人の子どもと生活をするグループホーム）の形態が増えてきています。

児童養護施設の職員には、施設長、児童指導員、嘱託医、保育士、個別対応職員、家庭支援専門相談員、栄養士、調理員などのほか、乳児がいる場合は看護師が配置されています。子どもの生活に直接的にかかわるのは主に保育士や児童指導員が中心になります。子どもたちの中には心のケアが必要な子どもも多く、専門家による支援を行っています。施設で10人以上心理療法が必要な子ども（たとえば、被虐待児）がいる場合には、施設に心理療法担当職員をおくことになっています。このように多様な職種が連携しながら子どもへの支援を行っています。

児童養護施設の特徴

児童養護施設で生活する子どもの多くは、虐待などのさまざまな理由により家庭での養育が困難となり施設に入所しています。その入所理由には、親による虐待や養育者の精神疾患、親の不安定な収入や就労の形態などが多くあります。入所してから虐待を受けていたことが明らかになることもあります。

子どもが安全で安心できる生活を送ることができるように、施設では環境を整え、でき**る限り家庭に近い環境の中で生活を送ることができる**ことを目指しています。ケアワークだけではなく、家庭復帰に向けた保護者や家庭との連携調整、退所に向けた自立支援や退所後のアフターケアなどのソーシャルワークも重視し取り組んでいます。

知って
おきたい

施設実習 基礎知識 1

「自立支援」と退所後の支援

各施設では、子どもや利用者の退所後の「自立支援」についての支援に応じる役目も担っています。自立に向けた最終的な目標は個人によって違いますが、施設を退所したあとに子どもや利用者がどのような生活を送るのかということを職員が考えて、施設にいる間に目標を立て、子どもや利用者がその目標に近づけるように支援しています。施設を退所したあとも支援を行う必要がある場合もあります。

退所した子どもたちが施設へ訪れやすいような体制をつくることや、子どもとの信頼関係を構築し何か困った際に相談できるような関係をつくることを心がけています。そのため、施設には退所後の子どもや利用者が訪問したり、過ごしていることがあります。

乳児院

乳児院の概要

乳児院は、入所系の児童福祉施設です。**家庭での養育が困難である乳児が生活する施設**で、入所していた子どもの退所後の相談にも応じる役目も担っています。本来、0～2歳までの乳幼児を対象とした入所施設ですが、事情によっては就学前までの子どもも入所可能となっており生活している場合があります。

乳児院の職員には、施設長のほかに医師（小児科の診療に相当の経験を有する者または嘱託医）、看護師、個別対応職員、家庭支援専門相談員、栄養士、調理員などが配置されています。なお、心理療法を行う場合には、心理療法担当職員をおくこととなっています。看護師はかならず配置することとされていますが、保育士または児童指導員に代えることができ、看護師以外にも保育士や児童指導員がおかれています。乳児（幼児を含む）を養育するので、直接子どもの養育にかかわる職員の配置では看護師を0～1歳1.6人につき1人以上、2歳以上～3歳未満2人につき1人以上、3歳以上4人につき1人以上配置することとされています（児童福祉施設の設備及び運営に関する基準）。また近年では入所児の家族だけではなく、里親への支援も重視されるようになり、里親支援専門相談員の配置もすすめられています。子どもとの関係が継続されたものになり、**子どもと担当者の間で愛着関係が形成されるよう、担当制で養育する取り組みが行われています。**

乳児院の特徴

乳児院で生活する子どもはさまざまな理由によって入所してきます。たとえば、親の病気（精神疾患が多い）、親による虐待、親の疾病などによる入院、親の放任怠惰、親の養育拒否、経済的理由などがあげられます。一つの理由だけではなく、複数の理由が重なり合って入所してくることもあります。

また、長期間乳児院で生活する子どももいますが、短期間で退所していく子どもも大勢おり、基本的には**地域での家庭への支援として短期利用の機能があります**。さらに、家族だけではなく地域の人々に向けた子育て支援事業として、一定の事情により、子どもの養育が一時的に困難になった際、**ショートステイ**（短期入所）や**トワイライトステイ**（夜間養護）を行っている施設もあります。

知って おきたい　施設実習 基礎知識 ❷

社会的養護施設の運営指針について

2012（平成24）年に厚生労働省より「児童養護施設」「乳児院」「情緒障害児短期治療施設（現：児童心理治療施設）」「児童自立支援施設」「母子生活支援施設」の各施設の運営指針と「里親及びファミリーホーム養育指針」の6つが示されました。それぞれ第Ⅰ部では各施設の役割と理念、対象児童、養育や支援のあり方、将来像で構成され、第Ⅱ部では具体的な養育や支援、自立支援計画、施設の運営について示されています。実習に行く前に、実習に行く施設の指針には目を通しておきましょう。施設で具体的にどのような支援が行われているのかについて知ることができます。こども家庭庁のホームページで確認できますので、調べてみましょう。

母子生活支援施設

母子生活支援施設の概要

母子生活支援施設は**18歳未満（必要な場合は20歳まで）の子どもを養育している母子家庭、何らかの事情で離婚できないなどの母子家庭の女性と子どもが一緒に入所できる施設**です。母子生活支援施設に入所する母親の年齢は平均36.5歳となっています。

母子生活支援施設の職員には、母子支援員（母子生活支援施設で母子に向けて生活支援を行う職員で保育士や社会福祉士の有資格者などが任用される）、嘱託医、少年を指導する職員（学習や生活習慣の指導を行ったり、行事を企画したり、子どもの日常生活の援助を中心に、生活への支援を行う職員）および調理員などが配置されています。虐待やDVなどにより、心理療法を行う必要があると認められる母子10人以上に心理療法を行う場合は、心理療法担当職員をおくこととなっています。また、個別に支援が必要な場合には、個別対応職員をおくこととなっています。

母子生活支援施設の特徴

母子生活支援施設で生活する母子は、さまざまな事情から入所してきています。その事情として多いのは、配偶者（内縁を含む）などからの暴力（DV）で、DVによる入所理由は全体の50.7%を占めています。また、虐待を受けた子どもや障害のある母親や子どもも増えています（こども家庭庁HP「社会的養護の施設等について」)。ほかには住宅の事情や経済的な理由による入所が多くなっています。

ほかの入所系の施設とは大きく異なるのは、**母子で独立した居室で生活をしている点**です。基本的には、家庭と同様に母子で生活をします。日中は母親は仕事に行くなど外出し、子どもたちは学校に通うなどしています。子どもが保育所に入所できないような場合には、施設の中で保育室を設置し、代わりに保育を行うなどの対応もしています。母親の就労などのさまざまな事情に合わせて支援を行っています。施設を退所した後もアフターケアとして、地域でのネットワークを形成し、必要な支援を行っています。

知って おきたい　施設実習 基礎知識 ③

保護者とのかかわりでの留意事項

実習生が直接、保護者対応をすることはありませんが、各施設では、保護者自体が施設を利用したり、入所している場合もありますし、療育に訪れる子どものつき添いを保護者がしていたりと、幼稚園や保育所、認定こども園より、保護者と話したり接する機会が多くあります。まずは実習生としての礼儀や言葉に気をつけて行動するように心がけましょう。直接的なかかわりがなくても、保護者は実習生を見ています。親しげに話しかけられても、実習生であることを忘れずに言葉づかいなど気をつけましょう。

施設を利用している保護者の求めている支援や、職員の対応などに目を向けるようにしましょう。地域に住んでいる子育て家庭も利用していますので、その地域のニーズに合わせた支援も考えられ行われています。また、施設の子どもや利用者だけではなく、保護者や家族に関する情報の取り扱いにも十分に気をつけましょう。とくに、同じ地域に在住している学生は注意をしましょう。思わぬところで情報が外部に漏れてしまうこともあります。守秘義務が原則です。

児童相談所一時保護施設

児童相談所一時保護施設の概要

児童相談所には、児童を一時保護する施設が設けられています。子どもの生命に危険がおよぶなどの緊急保護が必要な場合（緊急保護）や、今後の具体的な援助方針を定めるための行動観察が必要な場合（行動観察）、短期間で心理療法を行ったり、生活を改善するための生活指導が必要な場合（短期入所指導）には、児童相談所が一時保護施設などで子どもを保護しています。一時保護施設は幼児から高校生までの子どもが入所しています。乳児も保護を行いますが、乳児の場合は施設の設備などの都合から乳児院に一時保護を委託しています。

一時保護施設の設備・運営については、児童相談所運営指針に「児童養護施設について定める最低基準に準用する」と定められており、職員には医師や看護師（児童相談所と兼務している場合が多い）、保育士、児童指導員、栄養士、調理員などが配置されていることが多いようです。一時保護施設は、**子どもたちが一時的に生活をする場**ですので、短期間の生活となる子どもたちがほとんどです。入所の期限は２か月間と決まっていますが、場合によっては期間を延長することもあります。

児童相談所一時保護施設の特徴

入所してくる子どもは、とても不安な気持ちを抱えています。家庭での生活から知らないところで急に生活をするため、その不安が行動に表れ、泣いたりパニックになったりすることもあります。職員は子どもの不安を受け止めながら、安定した日常生活を送ることができるように支援をしています。また、**入所している子どもたちは自由に外出することができません。**学校に通わない代わりに施設内での学習時間や運動時間が設けられたりしています。

知って おきたい　施設実習 基礎知識 ④

そのほかの児童福祉施設 ── 助産施設・児童家庭支援センター・里親支援センター

本書では取り上げていませんが、児童福祉施設理解として、助産施設、児童家庭支援センター、里親支援センターについても、どのような施設であるのか確認しておきましょう。

● **助産施設**

助産施設は、経済的理由などにより、入院や助産を受けることができない妊産婦を入所させて、助産を受けさせることを目的とした施設です。通常は産科のある病院や助産所が助産施設として指定されています。妊産婦からの申し出により、安全に出産ができるように援助する施設となっています。

● **児童家庭支援センター**

児童家庭支援センターは、子ども、家庭、地域住民等からの相談に応じ、必要な助言、指導を行う施設です。乳児院や児童養護施設などの入所系の児童福祉施設に付属して設置されていることが多いようです。保護者への相談に対応することが施設の主な仕事となりますが、子育て広場や遊びの広場などの活動も行われています。

● **里親支援センター**

2024（令和６）年施行の児童福祉法等の一部改正により新たに設置された施設です。里親や委託された子ども等に対して、相談支援等を行うとともに、里親制度の普及活動や里親の選定や調整、委託された子どもの養育計画作成など、里親支援事業を行います。

福祉型／医療型 障害児入所施設

障害児入所施設の概要

障害児入所施設は、旧区分の「知的障害児入所施設」「盲ろうあ児施設」「自閉症児施設」「肢体不自由児施設」「重症心身障害児施設」などが相当します。

障害のある子どもが入所し、食事・着替え・排泄などの日常生活動作（ADL）の指導を受けたり、将来、自立した生活を送るために必要な知識や技術を習得するための施設です。ただし、現在のところ、成人した障害のある人も多く入所しています。専門職の人員配置によって施設のタイプが分かれ、福祉型と医療型に分類されます。

本来、家庭では解決できない障害に関する問題に対応するための入所施設ですが、家庭状況をよく見ると、虐待の問題も抱えていることが多くなっています。その理由の一つとして、障害のある子どもは育てにくいことが多く、虐待を誘発しやすいからです。障害に関する知識だけでなく、虐待からくる問題についても事前学習しておきましょう。

障害児入所施設の特徴

泊まり込みの訓練や家族のレスパイト・サービス（本書 p.76 参照）などによるショートステイ（短期入所）から、長期入所までさまざまなサービスがあります。施設から幼稚園や特別支援学校に通うこともありますし、施設内でデイリー・プログラムが行われたり、特別支援学校から訪問教育も行われたりしています。

●福祉型障害児入所施設

旧区分では「知的障害児入所施設」「盲児施設」「ろうあ児施設」「第２種自閉症児施設」などが相当します。施設数の割合としては、「知的障害児入所施設」が圧倒的多数を占めます。施設では、**日常生活動作（ADL）の指導**と並行して、点字や手話などの**障害特性に応じた機能訓練**も行われています。

●医療型障害児入所施設

旧区分では「肢体不自由児施設」「重症心身障害児施設」「第１種自閉症児施設」が相当します。医療法で規定されている医療専門職も配置されています。日常生活指導でも医療サービスの比重が高く、看護師・理学療法士（PT）・作業療法士（OT）などとの連携が重要です。**医療的な対応が優先されること**が多いのが特徴です。

知っておきたい　施設実習 基礎知識 ⑤

「療育」と「プログラム」について

「療育」とは、もともと、障害のある子どもを対象とする医療と教育を一体化させたリハビリテーション・サービスを指していました。近年、その内容が多様化して「発達支援」と呼ばれるようになってきました。医療関係者だけでなく、心理カウンセラーやソーシャルワーカーなどさまざまな分野の専門職も加わり、チームを組んで、援助にあたっています（本書 p.27 参照）。以上のようなサービスが行われる現場では、その具体的な計画を「プログラム」と呼んでいます。

児童発達支援センター

児童発達支援センターの概要

障害がある子どもに、日常生活動作（ADL）の指導や集団生活への適応、将来の自立に向けた訓練を行う通所系の施設です。「療育センター」と呼ばれてきた施設ですが、2012（平成24）年の児童福祉法の改正により「児童発達支援センター」となりました。

児童発達支援センターの特徴

児童発達支援センターは、市町村による認可のもと以下の事業を行うことができます。さらに独自のサービスとして、卒園児のアフターケアなどを行っていることもあります。実習先でどのような事業やサービスが展開されているか、実習前に調べておきましょう。

●児童発達支援事業

食事・着替え・排泄などの日常生活動作（ADL）の指導や、細かな指先を使った動作（例：シール貼り、粘土遊び）などの練習や、他児とのかかわりが苦手な子どもへの集団生活への適応訓練などが実施されています。少人数のグループでの指導を基本としていますが、必要に応じて、個別対応も行われます。

●居宅訪問型児童発達支援事業

児童発達支援センターへの通所がむずかしい子どもの自宅に、さまざまな専門職がチームを組んで訪問し、児童発達支援事業で実施されているサービスを提供します。

●障害児相談支援事業

保護者面談などを通して、必要なサービスを洗い出した上で、関係機関と連絡・調整を行い、さまざまなサービスを組み合わせて適切に利用できるよう、「個別支援計画」の作成やモニタリングを行います。

●保育所等訪問支援事業

障害児が、保育所などの集団生活が行われている施設に在籍している場合、センターの職員が施設まで出向き、専門的な相談や助言を行います。園での集団生活に課題のある障害児が、その園で安定して過ごすことを目的に、職員への支援として実施されています。

●放課後等デイサービス事業

学校に通っている障害児（就学前の子どもは除く）に対し、放課後や夏休みなどの長期休暇に、生活能力を向上させるための訓練や余暇活動などを提供しています。

知って おきたい　施設実習 基礎知識 6

「個別支援計画」と「個別指導計画」について

「個別支援計画」とは、医療・保健・福祉・教育・労働等の各機関が、障害のある子ども一人ひとりに対し、乳幼児期から学校卒業後の一生にわたり、諸機関が連携をとりながら、一貫した支援を行うために策定される計画です。障害児（者）に支援を行う各施設では、この個別支援計画の枠組のもとで、より具体的な「個別指導計画」を立案し、園内のさまざまな職種が連携をとりながら、きめ細かく一人ひとりのニーズに合わせたサービスを提供しています。

障害者支援施設

障害者支援施設の概要

障害者支援施設は、旧区分では、入所系の「知的障害者更生施設」などが相当します。さまざまな**生活介護・自立訓練・就労支援**のサービスが用意されています。

現在、「障害者総合支援法」に基づき「障害者支援施設」として編成されていますが、かつては「更生施設」「授産施設」などに分かれ、「障害者入所施設」と総称されていました。制度は大きく変わりましたが、同じ利用者が長年にわたって居住していることが多く、法律改正前の施設のサービス内容はそのまま引き継がれて、その施設の特徴となっていることが多いようです。「授産施設」では比較的、軽度の障害のある人が、一人暮らしや就労を目指して、さまざまな援助が行われていました。「更生施設」では、比較的、重度の障害のある人にとって必要なリハビリテーションや生活支援が行われていました。

一つの施設の中に、生活から就労までさまざまなサービスが用意されていますが、一人ひとりの利用者ができる限り、地域に根ざした家庭に近い環境で主体的に過ごせるよう配慮されています。たとえば、生活の場と昼間の活動の場を分けたり、余暇時間には可能な限り外出の機会を提供するなど、さまざまな努力がなされています。

障害者支援施設の特徴

入所施設としての主なサービスは、「施設入所支援（夜間の入浴・排泄・食事の介護など）」と障害福祉サービス事業所でも実施されている、「生活介護」「自立訓練」「就労支援」があります。そのほか、医学的管理のもとでの介護や機能訓練を行う「療養介護」もあります。**利用者のニーズに応じて、それぞれのサービスが組み合わされ、提供されています。**

知って おきたい　施設実習 基礎知識 ⑦

「障害者総合支援法」について

現在、18歳を超えた障害のある人に対する支援は、2013（平成25）年に施行された「障害者総合支援法（正式名：障害者の日常生活及び社会生活を総合的に支援するための法律）」が根拠法となっています。①障害のある人々が身近な地域でもっと気軽にサービスを受けられること、②障害種別や程度（重さ）からサービスを決定するのではなく、「利用者（およびその家族）が、どのような支援を求めているか」という観点から、利用者のニーズを「障害支援区分」で判別し、これに基づいて支援が行われることを目指しています。（なお、障害児に対しては「児童福祉法」が基本となりますが、一部、「障害者総合支援法」に基づいて提供されるサービスもあります）。

かつて、障害者福祉に対するイメージは、「憐れみ」や「施し」の色彩の強いものでしたが、現在では、人間らしく生きるための当然の権利として見なされるようになりつつあります。制度的にも、近年、次々に改革が行われており、「障害者総合支援法」はその集大成とされています。この法律では、これまでは障害種別に分かれていた施設に通所・入所して、その施設が提供できるサービスを受けるという受動的な利用者像から、障害者自身が「こうありたい」と望む生活を実現するために、これに必要なサービスを選択し、組み合わせて利用する能動的な利用者像への転換が目指されています。専門職側にも、障害者総合支援法の根本にある基本精神をよく理解して、「～してあげる」から「ともに～する」姿勢への変革が強く求められています。

障害福祉サービス事業所

障害福祉サービス事業所の概要

障害福祉サービス事業所は、旧区分では、通所系の「知的障害者小規模授産施設」などが相当します。利用者のニーズに応じて、**生活介護・自立訓練・就労支援**の3つの柱からなる、さまざまなサービスを提供しています。

かつては「作業所」「授産施設」などと呼ばれ、**さまざまな作業や余暇活動を提供**し、障害のある大人の居場所となっていましたが、「障害者総合支援法」により、障害福祉サービス事業所として再編成されました。

障害福祉サービス事業所の特徴

障害福祉サービス事業所で提供されるサービスは以下のとおりです。

●生活介護

昼間の**入浴・排泄・食事の介護**を行ったり、また、**生産活動や創作的活動の機会の提供**を行います。

●自立訓練（機能訓練・生活訓練）

自立した日常生活あるいは社会生活が送れるよう、一定期間、必要な訓練を行います。身体機能の保持や向上を目的とする**機能訓練**と、日常生活動作の獲得と維持を目的とする**生活訓練**の２種類に大別されます。

●就労支援（就労移行支援・就労継続支援）

就労支援では、一般企業への就労を目指す人に対し、一定期間、**就労に必要な知識や能力の向上に必要な訓練**を行います。就労継続支援では、企業への就労が困難な人を対象に**働く場を提供するとともに、知識および能力の向上のために必要な訓練**を行います。

知って おきたい　施設実習 基礎知識 ❽

「手帳」と「障害支援区分」について

社会福祉では、利用者のニーズに対し、地方自治体が客観的な指標をもとに判定した上で、それに基づいてサービスが提供されます。障害福祉分野の場合、その判定結果は「手帳」や「障害支援区分」に示されています。たとえば、知的な障害のある子どもや大人の場合、「療育手帳（自治体によっては、愛の手帳・緑の手帳などと呼ぶこともある）」が交付され、知的なレベルに応じて「A（重度と最重度）」「B（中度と軽度）」の２種類と判定結果が示されます。この判定は、知能検査の結果が反映されているだけで、本人や家族の「生きづらさ」や「困難さ」の程度が表示されているわけではない点に注意しましょう。手帳を携帯することで、税金が減免されたり、公共機関の料金が割引されたりするなど、スムーズに福祉サービスを受けられるようになります。また、障害者総合支援法に基づく「障害支援区分」では、障害のさまざまな特性や心身の状態に応じて必要とされる標準的な支援の度合いを把握することができます。

自治体によってサービス内容が異なりますが、こうした客観的な判定から、その利用者に対して、どのような支援サービスが提供されているのか、その全体像を理解する手がかりが得られます。

児童厚生施設の概要

児童厚生施設は、**児童遊園**、**児童館**などがこれにあたり、そこで**子どもに遊びを提供し、子どもたちの健康の増進と情操を豊かにすることを目的とした施設**です。児童館を利用する子どもたちの年齢はさまざまですが、主に小学生の利用が多いことが特徴としてあげられます。また、児童館を利用する子どもたちは小学生だけではなく、中学生の利用も増えてきています。子どもたちの家庭以外の居場所として利用されています。

児童遊園とは、屋外型の遊び場で主に幼児や小学校低学年の子どもを対象としており、ブランコや砂場などの遊具、広場などを設置することになっています。児童館は屋内での遊びを基本としていて、集会室、遊戯室、図書室、便所を設置することとなっています。児童館にはさまざまな機能があります。大型の児童館では、宿泊ができる設備（自然環境が豊かなところに設けられている）や、展示ホールなどの設備があるところもあります。

児童館には「児童の遊びを指導する者」をおくことになっています。これは、保育士や社会福祉士の有資格者や、社会福祉学や心理学などの単位を履修し、児童厚生施設の設置者により認められた者のことです。

児童厚生施設の特徴

子どもたちへの遊びの指導は、子どもの自主性を尊重し、社会性が身につき、創造性が高められるように行わなければなりません。子どもたちは、児童館で行われている遊びやさまざまな活動のプログラムを通して心身の成長・発達を遂げていきます。

また、児童館は地域の乳幼児とその保護者も利用しています。児童館の午前中の時間を使い、親子で参加できるようなプログラムが組まれており、地域の子育て支援として子育てに関する相談にも対応してきました。

子ども・子育て支援新制度のもとでは「地域子育て支援拠点事業（連携型）」として、子育て家庭の交流や子育てに関する講習だけではなく、子育てに関する相談援助や地域における子育て情報の提供なども行っています。地域子育て支援拠点としての機能強化が行われ、地域支援として、さまざまな関係機関とのネットワークづくりや協働がすすめられるとともに、利用者支援として、子ども・子育て関連３法※）事業の利用についての情報提供なども実施されます。

※）子ども・子育て関連３法……「子ども・子育て支援法」「就学前の子どもに関する教育、保育等の総合的な提供の推進に関する法律の一部を改正する法律」「子ども・子育て支援法及び就学前の子どもに関する教育、保育等の総合的な提供の推進に関する法律の一部を改正する法律の施行に伴う関係法律の整備等に関する法律」

児童自立支援施設

児童自立支援施設は反社会的な不良行為をしたり、またはそのような行為をする恐れのある子どもや家庭環境などの理由から**生活指導を必要とする子どもが入所する施設**です。また、通所も可能となっており、家庭から通わせ、個々の子どもの状況に応じて必要な指導やその自立を支援します。退所後も相談や援助を行っています。

児童自立支援施設には、施設長のほかに児童自立支援専門員（児童の自立支援を行う者）、児童生活支援員（児童の生活支援を行う者）、嘱託医および精神科の診療に相当の経験を有する医師または嘱託医、個別対応職員、家庭支援専門相談員など、また、心理療法を行う場合には、心理療法担当職員をおくこととなっています。

児童自立支援施設に入所してくる子どもは非行を行うなど生活指導等が必要な子どもです。家出を繰り返したり、不道徳な交友関係があったり、窃盗などの犯罪を行った子どもが多く入所しています。入所する子どもの年齢の多くは中学生です。また、ほかにも大人との信頼関係が築けない発達障害や不安、抑うつ傾向がある虐待を受けた経験のある子どもなど、ほかの施設では受け入れがむずかしくなった子どもも入所しています。

児童自立支援施設は、名称こそ変わっても、100年以上も前からある施設で、職員やその家族が施設内に住み込み、家庭的な生活の中で支援する形態で運営されています。

児童心理治療施設

児童心理治療施設は、**精神的問題を抱え日常生活の多岐にわたり支障をきたしている子ども（たとえば、不登校、緘黙、家庭内暴力や非行傾向など）が短期間、入所する施設**です。家庭から通うこともできる施設です。どちらの場合も、児童精神科の医師と密接に連携しながら、生活支援を基礎とする心理的治療を行うことを目的としています。児童心理治療施設には幅広い年齢（小学生～高校生）の子どもが生活をしています。短期での治療が掲げられていますが、平均の入所期間は2.2年です。

児童心理治療施設の職員は施設長のほかに、医師（精神科または小児科の診療に相当の経験を有する者）、心理療法担当職員、児童指導員、保育士、看護師、個別対応職員、家庭支援専門相談員、栄養士、調理員などをおくことになっています。

児童心理治療施設は、まずは心理的な問題を抱えている子どもに、この場所が安全で安心できる場所であるような環境を提供することからはじめます。その上でも症状が出るような場合は、心理療法や薬物療法を行います。施設に入所している約60%以上が虐待を受けたことのある子どもで、虐待経験などが原因となり、パニックを起こしたり、自傷してしまったりする子どもも多く、手厚いケアが求められています。ほかにも摂食障害や感情面での不安定などさまざまな症状を抱えている子どもが入所してきます。**子どもが安定した生活環境の中で心が落ち着いて生活できるように環境を整え、専門的な支援を行うこと**で、子どもの心の安定を図り、問題となっている症状の改善を目指します。

実習先の決定まで

これまで見てきたように、学生が実習をする施設はさまざまです（本書 p.20、28 ～ 37 参照）。たくさんの種類の施設の中からどの施設で実習をするかはみなさんにとってとても重要なことでしょう。ここでは実習先がどのように決定されるのかについて説明します。

養成校が実習先を配属する場合

実習先は、養成校が責任をもって決定し配属します。ただ養成校が決定するとはいえ、多くの場合はみなさんの希望をできるだけ考慮しています。さまざまな種類の施設がある中で、どのような種類の施設で実習したいか、学校で実習先の希望を聞かれたら、以下のようなポイントでよく考え希望をいえるようにしましょう。

POINT ① 将来、どのような現場で働きたいか

将来、どのような現場で働きたいですか。実習先はぜひ、将来働きたいと強く希望する施設で行いたいものです。明確に働きたいと希望する施設がある場合には、どのような理由でその施設で働きたいと考えているのか、その希望をしっかりと述べられるようにしておくとよいでしょう。

POINT ② 何を学びたいか

将来の進路についてはまだ漠然としている人も多いかもしれません。また、施設での就職を希望していない人もいるでしょう。そのような場合には、これまで授業で学んだことから、どのような施設について学びたいのかを考えてみましょう。今までの学びの中で関心の高いこと、興味のあることはどのようなことでしょう。自分が何を学びたいかをよく考え、実習先の希望が述べられるようにしましょう。

希望どおりの実習先ではない場合

実習受け入れ施設は幼稚園や保育所、認定こども園ほどたくさんありません。養成校は数に限りのある施設から実習先を決定するため、希望を伝えても希望どおりの施設とならない場合も多いです。希望どおりの施設にならず実習に意欲がわかなくなるかもしれません。しかし、どのような施設であってもみなさんが保育士資格を取得するための必要な学

びは保障されます。せっかくの貴重な学びの機会ですので、養成校の実習担当の教員に相談するなどし、気持ちを切り替えて実習に臨めるようにしましょう。

自己開拓で実習先を探す場合

実習先を自分で探して開拓していく方法もあります。この方法は、幼稚園や保育所、認定こども園での実習で行われることがありますが、施設実習では多くはありません。養成校によって異なりますので実習担当の教員の説明をよく聞き、もし自己開拓で実習先を探す場合には、その施設が実習先としてふさわしい施設であるか、養成校の実習担当の教員と相談しながら決定することが重要です。実習の依頼はあくまでも養成校と施設との間で行われるものですので、自己開拓の場合でも、実習担当の教員の指示に従いながら慎重に行いましょう。実習を希望する施設へ、直接電話を入れる場合の電話のかけ方は、以下を参照しましょう。

実践例 実習依頼の電話のかけ方

実習を行いたい施設に電話を入れる場合……。

「こんにちは。私は○○大学（短期大学・専門学校）○○学部○○学科○年の○○○○と申します。突然のお電話で申し訳ありません。本日、実習のことについておうかがいしたく、お電話いたしました。実習担当の先生は今いらっしゃいますでしょうか？」

実習担当の職員に代わっていただいたら……。

「私は○○大学（短期大学・専門学校）○○学部○○学科○年の○○と申します。お忙しいところ申し訳ありません。今、保育士資格を取得するための勉強をしております。実は、○○年の○月から○月の間に実習を予定しているのですが、ぜひ、○○施設で実習させていただきたいと思いお電話しました」

実習を受け入れてくださる場合……。

「ありがとうございます。養成校から預かっている書類があるのですが、おうかがいしてお渡ししたいと思います。いつおうかがいすればよろしいでしょうか」

自分の予定と施設の都合のよい日程を合わせて調整しましょう。約束の日時は復唱して確認しましょう。

こんなときは!? 

実習担当の職員が忙しそう！

電話をかけるタイミングにも気をつけましょう。業務の忙しい時間帯などは避けましょう（本書p.48参照）。忙しそうな場合は、電話をしてよい時間をうかがい、かけ直してもよいでしょう。

こんなときは!? 

断られてしまったら！

断られてしまった場合は「わかりました。お忙しい中、ありがとうございました」とお礼を言って電話を切りましょう。ほかにも実習先はあるので、落ち込まずに次にお願いするところを探しましょう。

実習生に求められるもの

実習先や養成校が実習生のみなさんに求めているものとは何でしょうか。実習生としてとても気になるところです。また、みなさん自身は実習に何を求めますか。考えてみましょう。

実習先は実習生に何を求めているのだろう

実習先は、子どもや利用者が生活する場です。また、そこで働く保育士をはじめとする職員は、子どもや利用者の養護や療育にかかわる多くの仕事を担っています。具体的にどのような仕事を担っているかは、これまでの授業で学んできたはずです。しかし、実際に実習に行ってみると、その仕事の内容や量に圧倒されることでしょう。実は、多忙な施設の現場で実習生を受け入れ指導することは並大抵のことではありません。しかし、それでも実習生を受け入れ指導してくださるのはなぜでしょうか。実習生が、将来、**子どもや利用者のために、自分たちとともに働く同僚となることを期待しているから**です。将来、児童福祉施設で活躍する保育士の育成は現場にとってとても重要なことだからです。

みなさんの中には「私は保育所で働きたい」と考えている人も多いでしょう。その気持ちを変えることはできないかもしれません。しかし、保育所での就職を希望していた実習生が、施設実習を経て施設での就職に進路が変わったという話もよくあることです。施設に就職する気がないからと、はじめから実習に前向きになれずに実習することだけは避けたいものです。たとえ、現在、保育所での就職を希望していたとしても未来はわかりません。自分の将来の可能性を狭めずに、意欲的に実習に臨みましょう。**“施設の実際を学びたい”、“施設での仕事を体験したい”という強い思いや真摯に学ぶ態度を現場は求めています**（本書 p.134 ～ 135）。

養成校は実習生に何を求めているのだろう

実習生を送り出す養成校は、実際の施設での生活や子どもや利用者とのかかわり、施設職員としての仕事など、普段、学内では経験することができないことを積極的に体験してもらいたいと思っています。養成校では専門的知識、技術を各教科目の中で学んでいますが、こうした机上での学びが実際の現場ではどのように実践されているのか、**実習ではその実際を見せていただいたり、自分が体験する中で学んでいくことが可能**です。保育士になるためには、専門的知識、技術を修得していることはもちろんですが、その実践力が求められます。実習はこうした実践力を養う貴重な場といえます。

実習生はとかく「うまくやらなければ」との思いから、失敗することを恐れるがあまりに消極的になってしまうことがあります。しかし、最初から上手にできるとは誰も思っていませんし、実は養成校も現場もそのことを期待していません。実習は、実際の現場で体験的に学べる貴重な機会です。上手にできるかできないかではなく、積極的に子どもや利用者とかかわりをもち、施設でのさまざまなことに**積極的にチャレンジすることを通して、その実際を体験的に学ぶことが大切**です。失敗から学ぶことも多いものです。上手にできたから「ヨイ」ものでもなく、失敗したから「ダメ」なのでもありません。大事なことは「デキタ」「デキナイ」という行為の結果ではなく、その体験から何を学び得たかということなのです。実習では失敗を恐れずに、さまざまなことにチャレンジしましょう。

実習に何を求めたらよいのだろう

実習生のみなさんは、実習に何を求めていますか。保育士になるために必要な施設における養護・療育の実際を学び、実践力を身につけることがまずあげられるでしょう。しかし、それだけではありません。実習では施設で生活する子どもや利用者との出会いやかかわり、施設職員の姿を通して、自らの子どもや人間の見方、とらえ方、これまでの自分自身の生き方をじっくりと考える機会にもなります。実習はこうした子ども観や人間観の形成、将来の自分自身の生き方にも大きな影響を及ぼすものです。

実習では心が揺れ動かされるような体験がきっとあるはずです。そうした体験を大切にしてほしいと思います。専門的知識や技術、実践力を学び取ることだけに終始せず、実習体験の中で感じ取ること、そして感じたことを施設職員や養成校の教員、友人や仲間に話を聞いてもらったり、記録したりして表現すること、それに対する意見やアドバイスを聞くことを大事にしましょう。こうした対話を通して、子どもの見方、自分自身の生き方、将来なりたい保育士像などをじっくりと考える時間をもってほしいと思います。

守秘義務

守秘義務の重要性を理解しよう

実習生は、実習に伴って施設の子どもや利用者の生育歴や家族の状況など、個人情報を多く知ることになります。**施設の子どもや利用者、実習先に関する情報について外部に話をしたりすることは、個人情報およびプライバシーを侵害する行為**です。また、施設活動妨害や名誉毀損にあたる行為となり、損害賠償を請求されるなど法律的な問題につながることもあるので、実習前にしっかり認識しておきましょう。仮に相手が自分の親しい友人や身内であっても外部に情報を漏らすことは、守秘義務を侵したことになります。また実習日誌も、記載の際には子どもや利用者の名前をイニシャルで表記し個人が特定できないようにします。さらに、外部の人の目にふれないように管理するなど細心の注意を払うことが必要となります。

もしかしたらみなさんの中には、守秘義務について「おおげさな」と軽く受け止めている人がいるかもしれません。しかし実習はみなさんが社会にふれるはじめての機会です。実習生とはいえ、ほかの人たちは社会人としてみなさんをとらえています。この点を再確認して、守秘義務を怠ることは「法律にふれる」という意識をもって実習に臨みましょう。次にあげる事例１は、軽はずみな行為をして実習が中止となった一例です。

事例１　SNS に実習内容を掲載してしまった！

M子さんは、実習の休憩中に携帯電話でのインターネットサイトを利用して、SNS に自分の日常生活を載せていました。児童養護施設での宿泊を伴う実習ということもあり、友達とのやりとりが減っていたため、積極的にサイトに情報を載せていました。掲載していた内容は、「実習が長い」「子どもが〇〇をしていた」などでした。M子さんは守秘義務を養成校で学んでいたため、自分なりに注意を払いながら書き込んでいたつもりでした。実習中のある日、つい自分自身の感情が伝わりやすいように具体的に実習内容を書き込んでしまったのです。その情報は子どもが特定できる表現や内容でした。

実習６日目、実習先の職員がM子さんと同じ SNS を利用していたため、M子さんの情報が発見され、職員は驚き、直ちに施設責任者と連絡をとり、事実を報告しました。M子さんは厳重な注意を受けた上、施設と養成校との協議により、実習は中止となってしまいました。

事例１からわかるように、細心の注意を払っても、「見る人が見ればわかる」ということです。つまり、「少しくらい」「わからないように」という気持ちを排除して、「絶対に情報は載せない」という強い意志が求められます。また、実習終了後であっても同様に知り得た施設や利用者の情報については守秘義務が適用されるので十分注意しましょう。

実習生自身の個人情報についても注意しよう

ここまで実習先の情報について述べてきました。では、実習生側の情報に関してはどうでしょうか。やはり、同様に**実習生自身の情報も厳密に管理する**必要があります。では事例2で確認してみましょう。

事例2 入所している子どもに連絡先を教えてしまった！

高校生も入所している児童養護施設で実習したS美さん。実習当初、S美さんは「年齢が近いから受け入れてくれないのではないだろうか」と心配でした。しかしS美さんの予想に反して、同性で年齢が近い高校生のKさんと親しくなりました。好きな音楽や芸能人が同じということもあり、日に日に親しくなっていきました。

最終日、S美さんはKさんから今後も連絡を取り合って友達として関係を続けたいとの申し出がありました。S美さんは、Kさんのこれまでの生い立ちや友達が少ないことなどを知っていたので、かわいそうに思い何らかの手助けになれば、という思いからSNSの連絡先を教えました。すると、それ以降Kさんから頻繁にメッセージがあり、日を追うごとにさまざまな相談事が増えていきました。対応しきれなくなったS美さんは養成校に相談をして、はじめて問題が発覚しました。

S美さんのように子どもと良好な関係になり、その後も何らかの援助をしたいという気持ちがわくこともあるかもしれませんが、この場合には、職員に話し、「ボランティア活動に参加する」「行事の手伝いをする」など、公的な形で援助するなど別な対応をする必要がありました。

S美さんのように個人的な連絡先を教えるということは、私的な関係を意味するので絶対にしないようにしましょう。

守秘義務

保育士は、正当な理由がなく、その業務に関して知り得た人の秘密を漏らしてはならない。保育士でなくなった後においても、同様とする。（児童福祉法第18条の22）

守秘義務違反になる絶対してはいけないこと！

- NG 施設の子どもや利用者の写真や実習日誌を写真に撮り、SNSなどに掲載する。
- NG SNSなどで実習園の不満などを「施設名」や「名前」を入れて、中傷する。
- NG 個人名を入れてSNSに書き込む（楽しかった活動などよい出来事であっても禁止）。
- NG 通勤途中で個人情報を口外する。
- NG 実習生同士で施設の子どもや利用者の実名を出しながら会話をする。
- NG 施設の子どもや利用者の家族に関する個人的な話題（ex.「○○くんの家族はよく○○の店で食事をしている」）を自分の家族に話す。

実習課題の設定

実習課題はどのように考えたらよいだろう

「積極的に子どもとかかわり、一生懸命に実習に取り組む」という学生の実習課題をよく見かけます。しかし、これは実習課題とはいえません。積極的に子どもとかかわることも、一生懸命に実習に取り組むことも大事なことではありますが、実習を行う上で当然ともいえる事柄です。また、これは実習に対する思いや姿勢の表明であり、課題ではありません。**実習課題とは、実習で何を学びたいかということ**です。実習課題を設定するときは、このことを十分に理解して、自分が実習で何を学びたいかを考えるようにしましょう。

実習課題設定のポイント

それでは、実習課題はどのように設定したらよいのでしょうか。実習課題の用紙を目の前にした学生が、いざ書こうとしても、頭が真っ白で何も書き出せないというような姿をよく見かけます。実は何もないところから実習課題を考えることはとてもむずかしいものです。実習課題を設定するためにはそれなりの準備が必要になります。何を準備したらよいか、そのポイントを以下にまとめます。

POINT ① 実習する施設について理解をする

児童養護施設や乳児院、障害児（者）施設など、実習する施設にはさまざまな種類があります。みなさんはどのような施設で実習することになりましたか。実習する施設の種類によって、当然ながら実習課題も変わってきます。まずは、自分が**実習する施設の種類を確認**しましょう。そして、その施設の目的や役割、働いている職員の資格や専門性、一日の生活の様子、設備や環境、歴史、現状や課題など、基本的な事柄について理解することが必要です。これらのことは、他科目の中ですでに学んできているはずですが、もう一度テキストなどを読み直してみましょう。

POINT ② これまでの学びから自分の関心を整理する

これまで「子ども家庭福祉」や「社会的養護Ⅰ・Ⅱ」などに関しては、授業の中でその理論について学んできました。実際に施設でのボランティア体験などを通してその実際にふれ、学んでいる人もいるかもしれません。こうしたこれまでの学びから、どのようなことに関心をもったでしょうか。みなさんが関心をもったことからも実習課題が見つかるはずです。

POINT ③ 実習内容を理解する

実習内容とは、実習で何を体験し、学ぶかという事柄です。各養成校の実習指導の授業の中でも、実習内容が示されていると思いますが、自分が実習する施設の実習内容を確認しなければ、適切な実習課題は設定できないでしょう。本書でも各施設での実習内容を施設ごとに紹介してありますので、**実習前には自分自身が実習を行う施設の実習内容をしっかりと確認しておきましょう**（本書 p.62 ～ 89）。実習内容を理解することで、実習課題も具体的に見えてくるでしょう。

また、実習を評価するための実習評価票の項目も確認してみましょう。保育士になるために、実習の中で何を学び、何を身につけることが求められているかが理解できます。

POINT ④ 具体的な実習先の方針や概要などを確認する

具体的な実習先が決まったら、実習先のホームページなどを確認し、その施設がどのような施設なのか、施設の方針、力を入れて取り組んでいること、環境などを理解しておきましょう。その施設だからこそ学べることを課題にするとよいでしょう。逆にその施設では学べないようなこと、たとえばグループホームを実施していない児童養護施設でグループホームについて学ぶことを課題にしても実現できない課題になってしまいます。

実習課題は施設での事前オリエンテーション実施前に書きまとめ、**オリエンテーション時に自分自身の課題を伝えられるようにしておくことが必要**です。しかし、事前オリエンテーションに行きはじめて実習先の様子が具体的に理解できることもあります。したがってオリエンテーションが終了してからもう一度、設定した実習課題を見直して修正する作業も必要になってきます。

実習課題設定のための準備をしよう

次頁では、実習課題の実例をあげながら解説をします。実習課題の設定にあたって、実習生がどのような準備をし、どのような実習課題を書きまとめたのかを見てみましょう。

実習課題設定までの一例

POINT ① 実習する施設の種類や目的などを整理しておこう！

実習先はどのような施設でどのような目的があるのか、その施設に関連する法令や基準に基づいて整理しておきましょう。

施設の種類　児童養護施設

目的　「児童養護施設は、保護者のない児童、虐待されている児童その他環境上養護を要する児童を入所させて、これを養護し、あわせて退所した者に対する相談その他の自立のための援助を行うことを目的とする施設とする」（「児童福祉法」第41条）

職員　「児童養護施設には、児童指導員、嘱託医、保育士、個別対応職員、家庭支援専門相談員、栄養士及び調理員並びに乳児が入所している施設にあつては看護師を置かなければならない（以下略）」（「児童福祉施設の設備及び運営に関する基準」第42条）

養護　「児童養護施設における養護は、児童に対して安定した生活環境を整えるとともに、生活指導、学習指導、職業指導及び家庭環境の調整を行いつつ児童を養育することにより、児童の心身の健やかな成長とその自立を支援することを目的として行わなければならない」（「児童福祉施設の設備及び運営に関する基準」第44条）

計画　「児童養護施設の長は、第44条の目的を達成するため、入所中の個々の児童について、児童やその家庭の状況等を勘案して、その自立を支援するための計画を策定しなければならない」（「児童福祉施設の設備及び運営に関する基準」第45条の2）

POINT ② 自分自身の関心を整理しておこう！

実習先の施設について、自分自身がどのような興味や関心があるのか、具体的に書き出してみましょう。

児童養護施設は、家庭に近いスタイルで生活できるよう「小舎制」の施設が増えていると学んだ。また、個の生活をより大切にするために、施設から離れ地域の中で生活する地域小規模児童養護施設やグループホームなども増えつつあることを学んだ。「小舎制」や地域小規模児童養護施設、グループホームに関心がある。

ボランティア活動において、子どもたちの自立支援のむずかしさを学んだ。児童養護施設では、子どもたちの自立のためにどのような取り組みをしているのか関心がある。

POINT ③ 実習内容を明確にしておこう！

今回の実習が何回目の実習になるのか、どのような実習内容でどのようなことを学ぶのかを明確にしておきましょう。

実習回数　1回目の実習

①実習先の施設について理解する。
②施設での一日の生活を理解する。
③子どもとのかかわりを通して、子どもの発達、生活状況について理解する。
④自立支援計画に基づく養護を理解する。
⑤生活や援助等の一部分を担当し、養護技術を修得する。
⑥職員の役割とチームワークについて理解する。
⑦記録や家族とのコミュニケーションを通して、その家庭や地域社会を理解する。
⑧子どもの最善の利益、利用者の権利擁護について理解する。
⑨施設保育士としての職業倫理について理解する。
⑩安全と疾病予防について理解する。

POINT ④ **実習先の概要をまとめておこう！**

実際に実習を行う施設が決まったら、その実習先の方針や取り組みなど、実習先の概要をホームページなどで調べてまとめてみましょう。

施設名　社会福祉法人○○会　○○園
方針　子ども一人ひとりを尊重し、最善の利益を保障します。
豊かな感性としなやかでたくましい人を育てます。
自分を大切にするとともに他者を大切にする生き方を大事にします。
取り組み　グループホーム５つ、自立支援ホーム、ショートステイ、子育て相談の実施

POINT ①～④を踏まえ、実現可能な実習課題を立てましょう。以下のポイントも参考にしましょう。

実習課題例

児童養護施設については、授業の中でその目的や機能、対象となる子ども、職員の仕事内容など基本的な事柄を学んだ。また、施設見学やボランティア活動を通して、施設の実際や課題について学ぶことができた。こうした学びを踏まえ、子どもたちとのかかわりや生活を通して、以下にあげる４点を主な課題として実習に取り組みたいと思う。

1．グループホームでの生活の実際について
見学やボランティアでは、小舎制の児童養護施設の様子を見させていただく機会を得た。今回、より家庭的で個の生活が尊重されるグループホームでの実習をさせていただくにあたり、グループホームでの生活の実際について学びたいと思う。子どもの生活の様子や職員の姿をよく観察して学び、グループホームのよさや課題について考察を深めたい。

2．　子ども理解と職員の支援について
子どもとのかかわりを積極的にもち、子どもの内面理解に努めたい。また、可能であれば子どもの背景について知り、子ども一人ひとりの状況に応じて職員がどのような支援をしているのか学びたいと思う。

3．自立支援の取り組みについて
いずれ施設を退所していく子どもたちが自立できるよう施設ではどのような自立支援をしているのかについて学びたい。また、施設退所後の支援が重要であることも学んだ。○○園では退所後の支援についても重視しているとうかがったので、その実際を学びたい。

4．児童養護施設における子どもの現状と施設の役割について
実習中に施設長の講話を聞く機会を予定している。職員の姿や話、子どもたちとのかかわりを通して、児童養護施設には現在どのような問題を抱えた家庭の子どもが生活しているのか、その家庭を支援する施設の役割についてあらためて考え、考察を深めたいと思う。

POINT 段落や見出しなどを工夫して読みやすく書きまとめましょう。

POINT 課題はできるだけ具体的な内容にしましょう。

POINT 実現可能な課題を考えましょう。この例はグループホームでの実習なので実現可能な課題です。

POINT 関心のある事柄を課題にしましょう。

Let's try　実習課題を立ててみよう

以下のSTEPにならい実習課題をまとめてみよう。

STEP ①　今回の実習の内容や段階を踏まえ、実習で学んでみたいことを箇条書きで書き出してみよう。
STEP ②　STEP ①の項目で自分が学んでみたいことをより具体的に書き出してみよう。
STEP ③　STEP ②で具体的に書き出された事柄を、整理して文章にしてみよう（オリエンテーション終了時、その内容を取り入れ実習課題を変更してもよい）。

10 実習先での オリエンテーション

オリエンテーションについて学ぼう

オリエンテーションとは

オリエンテーションは、**実習を行う前に実習生が施設に訪問し、あいさつを行うとともに、実習に向けて準備しておく必要があることについて確認することができる**機会となっています。実習生としてこれからはじまる実習での心構えをつくる上でも重要な意味をもちます。施設の雰囲気や施設のまわりの様子、子どもや利用者、職員の様子や呼び方などを知る大切な機会です。また、オリエンテーションは「どのような実習生が実習にくるのか」「どのような意欲をもって実習に臨みたいのか」など施設にとっても、受け入れ準備にもつながる大事な場です。

オリエンテーションの依頼の電話をかけるタイミングや電話のかけ方、訪問時の留意点など、気をつけたいことがたくさんあります。オリエンテーションは実習の第１日目ととらえて臨みましょう。また、オリエンテーション前には事前に施設までどのくらい時間がかかるのか、道のりや交通手段についても細かく確認しておきましょう。場所によってはバスの本数がないところやタクシーを利用しなければならないところもあります。

実習園への連絡（電話のかけ方）

実習開始の約１か月前に施設に電話をかけ、オリエンテーションの日時を決めます。具体的な日程の調整の方法は養成校の指示に従いましょう。実習直前のオリエンテーションでは、実習に向けての準備が間に合わなくなってしまうので、余裕をもって電話をかけましょう。施設によっては、事前にオリエンテーションの日程を組んで、実習の予定のある学生を一堂に集めてオリエンテーションを行うところや日程をすでに組んで養成校に知らせている施設もあります。かならず事前に養成校に確認をしましょう。

電話をかける際の注意点

- 携帯電話でかける場合には、静かな場所でかけましょう。
- 実習先の都合を考え、電話をする時間帯に留意しましょう。実習担当の職員に連絡をする際は、子どもや利用者の通所、退所時間や食事の時間など、忙しい時間帯を避け連絡するようにしましょう。その際に、連絡をしてよい時間帯などをうかがっておくと、次の連絡がしやすくなるでしょう。
- 複数の学生が同じ実習園で実習する場合は、代表者１名が電話をかけましょう。

実践例　オリエンテーションでの電話のかけ方

「こんにちは。私は○○大学（短期大学・専門学校）○○学部○○学科○年の○○○○と申します。突然のお電話で申し訳ありません。本日は、実習のオリエンテーションの件でお電話いたしました。実習担当の先生はいらっしゃいますか？」

こんなときは!?

実習担当の職員が不在だった！

実習担当の職員が不在だった場合は、そのまま電話を切るのではなく、いらっしゃる日時を確認し、あらためて電話をさせていただくことをきちんと伝えましょう。

実習担当の職員に電話を代わっていただいたら……。

「私は○○大学（短期大学・専門学校）○○学部○○学科○年の○○と申します。このたびは実習を受け入れていただきありがとうございます。○月○日からはじまる実習のオリエンテーションをお願いしたいのですが、いつそちらにおうかがいしたらよろしいでしょうか？」

こんなときは!?

試験と日程が重なった！

指定していただいた日時が試験などと重なり、変更をお願いしなければならない場合は、「申し訳ありません。その日は試験があるため、うかがうことができません。ほかの日程でご都合のよろしい日時はございますか？」とていねいにうかがいましょう。

ここで注意しなければいけないことは、複数でうかがう場合、あらかじめメンバー間で空いている日時を確認しておきましょう。日時が決まったら……。

「○月○日○時でよろしいですか？」
「ありがとうございます。それでは、○月○日○時におうかがいしたいと思います。本日は、お忙しいところありがとうございました。どうぞよろしくお願いたします。失礼いたします」

こんなときは!?

当日、電車が遅れてしまった！

万が一、当日交通機関の影響で遅れてしまう場合や、どうしても家庭の事情によりうかがうことができなくなってしまった場合は、約束の時間より前に実習先に電話を入れましょう。その際、遅刻の理由やうかがえない理由をきちんと伝えましょう。

相手が電話を切ってから、こちらも電話を切りましょう。

こんなときは!?

実習のオリエンテーションを実習初日に行うと電話で言われた！

施設によっては実習初日にオリエンテーションを行うところもあります。実習初日がオリエンテーションと言われた場合には、当日の持ち物、出勤時間、実習時の服装、注意事項などを電話でうかがっておきましょう。宿泊の場合には、宿泊に必要な持ち物、宿泊費、食事、宿泊の設備などについても確認しましょう。

Let's try　オリエンテーションの電話の練習をしよう

友人と「実習生役」、「オリエンテーションの担当者役」に分かれて、オリエンテーションの電話のやりとりを練習してみよう。

CASE ①　オリエンテーションの担当の職員が出張で終日、不在だった場合。
CASE ②　オリエンテーションの日程が決定したあとに試験の日程が決まり、変更をお願いする場合。
CASE ③　オリエンテーションの日程が合わず、なかなか日時が決まらない場合。

オリエンテーションの内容を確認しよう

オリエンテーションで確認する内容

オリエンテーションで聞いてきた情報の量によって、実習の内容に違いが生じてきます。あらかじめ下記の内容を確認することにより、日々の実習に非常に役立ちます。一日の流れはもちろんですが、今の生活の状況、子どもや利用者の様子など、下記を参考にそのほかにも聞きたいことがあれば、事前にメモをしてオリエンテーションで質問しましょう。

① 実習先の施設の方針・目標

施設の概要（沿革など）、施設の支援方針・理念、支援内容、施設環境・設備、利用者数、職員数（どのような職員がいるのか）など

② 毎日の生活の様子

子どもや利用者の施設での生活や活動の様子

③ 実習生の予定

配属、実習の予定（部分実習、行事での外出など）、行事や活動の予定、その他注意事項

④ 実習中の注意事項

出勤時刻、退勤時刻、通勤時間、通勤時・実習中の服装、持ち物、食費、宿泊費など

オリエンテーションに行く際の注意

オリエンテーションにうかがう際には以下のことに気をつけましょう。

・当日はスーツを着用し、アクセサリー（ピアスやネックレス、指輪等）は外しましょう。実習生らしい髪型と髪の色、化粧をする場合はナチュラルメイクにしましょう。
・実習先に行くまでの公共の交通機関、道順、時間をかならず確認しておきましょう。余裕をもって到着できるように事前に調べておくことが大切です。先にも述べましたが、万が一、交通手段の遅延などで遅れる場合はかならず連絡をしましょう。
・施設にいらっしゃるすべての人に出会ったらあいさつをしましょう。
・施設付近での携帯電話の使用や食べ歩きなどのマナーに気をつけましょう。

オリエンテーションの持ち物

オリエンテーション時の持ち物も事前にきちんと確認しておきましょう。

・筆記用具（ペンとメモ帳）
・実習日誌
・上履き（きれいなもの）
・そのほか、実習先から指定されたもの

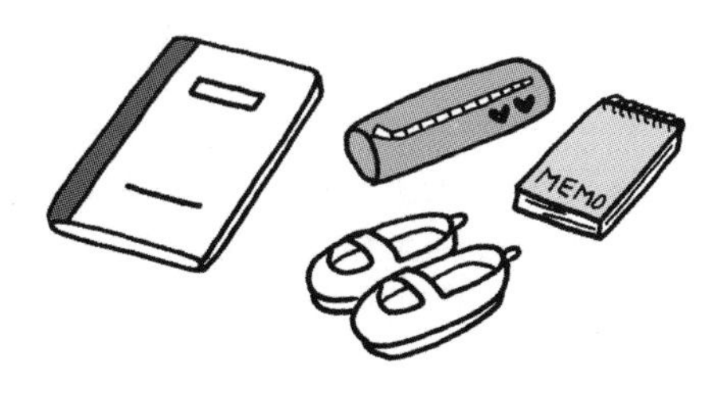

実践例 オリエンテーションでの服装

オリエンテーションでのポイント

髪型や服装には気をつけよう！

- 実習生は清潔感が大切です。男性は髪の毛を短くし、女性は髪の毛がまとめられる場合は後ろで一つにまとめておきましょう。
- 髪の毛の色は染めずにナチュラルな色（地毛）にしましょう。
- 服装はスーツで、だらしなく着ないようにしましょう。男性はネクタイを着用しましょう。

女性は化粧にも気をつけよう！

- 実習に濃い化粧は必要ありません。ナチュラルな化粧を心がけましょう。
- ファンデーションは薄く、眉毛が薄い場合は描きましょう。
- まつ毛のエクステ、つけまつ毛、太いアイライナーやアイシャドウ、カラーコンタクトなども控えましょう。

マナーには気をつけよう！

- 言葉づかいや態度は日ごろの癖が出てしまいがちです。普段から気をつけておきましょう。
- ハキハキとした声であいさつをし、笑顔を心がけましょう。
- 携帯電話で資料を写真に撮ったりしないようにしましょう。かならずメモをとる習慣をつけておきましょう。

11 実習前の事前確認

事前学習をおえると、いよいよ実習がはじまります。実習を目の前にして緊張感が高まることでしょう。こんなときこそ落ち着いて実習前に必要なことをもう一度確認しておきたいものです。一つひとつ確認することで気持ちも落ち着いて、実習を迎えることができます。

健康・生活面と学習面の準備をしよう

健康な心と体の準備が整っていることが実習を行う前提となります。実習では心も体も動かして子どもや利用者とかかわります。また、実習期間中は毎日、その日の記録をつけなくてはなりません。実習で疲れている中、その日のうちにその日の学びをまとめます。おそらく思った以上に体力、精神力が必要になるでしょう。実習前から食事や睡眠、適度な運動と休息など、**生活リズムを整え健康な心と体を整えておきましょう。**

養成校で実習に必要な事前学習はすませてきたはずです。とはいえすべてのことが完全に頭の中に入っているかというとそれはむずかしいことです。学習してきたことをもう一度読み返し復習しておくことが必要でしょう。

宿泊を伴う実習への準備・注意点を確認しよう

施設実習では、施設の種類や場所によって宿泊で実習を行う場合があります。たとえば、入所系の施設は24時間体制で職員が勤務しており、実習生も早朝からの実習や夜遅くまでの実習を行うことがあります。その場合、通勤の実習では交通機関が動いていない時間帯のため出勤できないことが考えられ、実習先で宿泊して出勤や退勤に支障がないようにすることが必要となります。

また、特定の施設では宿泊での実習を義務づけている施設もあります。宿泊ということで不安に感じることもあるかもしれませんが、宿泊を伴う実習への準備や注意点に気をつけ、充実した実習となるようにしっかりと準備していきましょう。

事前準備について

宿泊を伴う実習では、生活用品など何をどの程度もっていけばよいのか、施設に実習生が使用できるものがあるのかなど、各施設によって異なります。通常はオリエンテーションの際に、実習担当の職員に聞くことができますが、施設によっては宿泊を伴う実習でもオリエンテーションが実習初日に行われるところもあり、事前に聞くことができない場合もあります。そのような場合には、事前に実習担当の教員や同じ実習先に行った先輩に持ち物や施設について聞いて確認をしておくとよいでしょう。多くの施設では事前に養成校に持ち物や施設の設備についての案内が送付されますので参考にしましょう。

食事について

宿泊の際には持ち物以外にも食事についての確認をしておきましょう。実習中の時間帯での食事は施設の子どもや利用者と一緒にとるので用意をしなくてもよいですが、実習時間以外の食事は実習生が自分で用意しなければならない場合もあります。その際には事前にもっていくか、現地のコンビニエンスストア（コンビニ）やスーパーマーケット（スーパー）で食材を購入することになります。コンビニやスーパーが施設から遠い場合は、ある程度の食材（長期保存が可能なもの）をもっていく必要があります。各自で確認しておきましょう。複数で実習に行く場合には食材を分担して持参することも可能です。施設で提供される食事は１食ごとに食費がかかります。あらかじめ食費分の現金を持参することも忘れないようにしましょう。

休日について

宿泊実習の際に実習中の休日に自宅に帰ることが可能な実習先もあります。休日に自宅に帰ってもよいのかはオリエンテーションなどで確認しましょう。自宅に帰りたい場合は、往復の交通や自分の体調をよく考えて自宅に帰るかどうかの判断をしましょう。翌日の気象状況によっては施設に戻ることがむずかしい場合や、自宅から施設までの往復にかかる時間が長い場合は、自宅に戻ることでかえって休日に疲労を溜めてしまうこともあります。その後に実習に支障が出ないようにしましょう。

実習先の確認と持ち物の準備をしよう

実習前に準備しておくべきことを確実にするために、あなたが実習を行う施設について確認しておきましょう。施設の種類、場所、連絡先、実習担当の職員の名前をはじめ、施設の方針や実習課題はすぐに確認できるようにまとめておくとよいでしょう。実習に必要な持ち物は余裕をもってそろえておくことが大切です。前日になってからでは間に合わないこともあります。実習には何が必要なのかを確認して、１週間前くらいにはそろえておくようにしましょう。養成校の実習担当の教員や施設の実習担当の職員の指示をしっかり聞いて準備しましょう。

実習前に確認しておくべき事項や持ち物について一つひとつチェックし、万全の準備で実習に臨みましょう。

Let's try

実習先の施設についてまとめてみよう

あなたが実習を行う施設についてまとめてみよう。事前にしっかりと確認し、準備不足などないようにしておこう。

施設名
施設の種類
実習期間
施設住所
実習担当者名
施設の方針など
利用者・入所者
実習目標
施設までの交通手段
オリエンテーションまた事前に確認しておくべき事柄

実習前チェックリスト

【健康などについて】

- □ 早寝、早起きはしていますか？
- □ 朝ごはんは毎日食べていますか？
- □ 適度な運動と休息はとっていますか？
- □ 必要な予防接種などは受けてありますか？

☞ **健康上、心配なことがあれば早めに養成校の実習担当の教員に相談しましょう。**

【心構えと事前学習について】

- □ 相手や場にふさわしい言葉（敬語や丁寧語など）は使えますか？
- □ 誰に対しても笑顔であいさつしていますか？
- □ 髪の色は元の色に戻し、マニキュアは落とし、爪は短く切っていますか？
- □ 実習先の施設について基本的なことや実習内容は理解できていますか？
- □ あなたの実習課題を実習先に伝える準備ができていますか？
- □ 実習先から提示されたレポートなどはありますか？（できていますか？）
- □ オリエンテーション時の内容を実習日誌に記録していますか？

【持ち物について】

- □ 一般的に必要な持ち物の準備はできていますか？
  - □ 実習日誌　□ 実習中の服装（着替え）　□ 通勤時の服装・靴・かばん　□ 印鑑
  - □ 上履き・運動靴　□ 筆記用具・メモ帳・辞書　□ ハンカチ・ティッシュ
  - □ マスク（白い色のもので、実習日数分より多めに用意しておきましょう）
  - □ 名札（ピンやクリップで止めるタイプの名札でよいかなど確認しましょう。施設によっては、名札を縫いつけることを求められる場合もあります）
  - □ エプロン（オリエンテーションで確認し、実習先より指定があればその指定に従いましょう。派手なものは避け、毎日同じものを使用しないように何枚か用意しておきましょう）
  - □ コップ・箸（コップ、箸など持参する施設もあるので、確認しておきましょう）
  - □ 給食費・食費（オリエンテーションで確認しましょう。給食の場合や食事が出る場合は、実習初日または最終日に支払うので、釣り銭のないように準備し、封筒に入れておきましょう）
- □ 実習先への提出物の準備はできていますか？
  - □ 細菌検査証明書　□ 事前に提示されたレポート類など
- □ 宿泊を伴う場合の実習の準備・確認はしてありますか？（一般的な持ち物のほかに必要なもの）
  - □ 施設に行く日時（前日に行き宿泊する場合もあるため）
  - □ 出勤時間　□ 食事について（朝・昼・晩の食事のとり方）
  - □ 宿泊費の確認と必要な現金　□ 保険証のコピー
  - □ 常備薬（風邪薬や腹痛の薬など）
  - □ 休みの日程（自宅に戻ることは可能なのか）　□ 宿泊する部屋について
  - □ 衣類（部屋着などの着替え）　□ 洗面用具　□ 目覚まし時計
  - □ シーツ・枕カバー（必要な場合）　□ 洗剤（洗濯用）
  - □ 洗濯物を干すハンガーや物干し（旅行用のもの）　□ タオル

  ☞ **シーツや枕カバーは必要か、洗濯機は使用可能か確認しましょう。**

  - □ 食品（必要な場合）　□ 買い物ができる場所があるか

  ☞ **洗濯機やキッチン、冷蔵庫などがあるか、使用可能か事前に確認しましょう。**

【そのほかの事項について】

- □ 家族に実習期間、実習先の連絡先を伝えてありますか？
- □ 養成校および実習先の連絡先を控えてありますか？
- □ 通勤時間や施設までの道順、交通機関の乱れた場合の別のルートも確認してありますか？

実習前、こんなときどうする!?

養成校の実習担当の先生から「施設実習には家事全般に関する技術が必要です」と言われました。これまで実家で生活をして母親に任せっきりで家事全般が苦手です。実習まで何をすればよいでしょうか?

施設は、実習生にとっては「実習先」ですが、施設を利用する人にとっては「生活の場」です。とくに児童養護施設での実習は、実習生も家事についての技術が求められます。いうまでもなく、掃除、洗濯、食事・調理などに必要な家事の技術は、すぐに身につくものではありません。以下、家事などの生活技術の一部を示しますので、身についているか確認してみましょう。

	確認する内容	check
掃除に関すること	・雑巾は正しく絞れますか?	
	・掃除用具の名前と使う場所、使い方はわかりますか?(はたき・自在ほうき・竹ぼうきなど)	
	・掃除の際、どこから掃除をするかわかりますか?(部屋の奥から、天井から床へなど)	
	・殺菌、除菌の仕方はわかりますか?(漂白、アルコール除菌など)	
洗濯に関すること	・全自動の洗濯機と二槽式の洗濯機で洗濯をすることができますか?	
	・手洗いで洗濯はできますか?	
	・食べこぼしや血液などの染み抜き方法は知っていますか?	
	・Yシャツや下着など、洗濯物はきれいにたためますか?	
食事・調理に関すること	・食事の際のマナーは大丈夫ですか?(箸の使い方、食べ方のマナー)	
	・食器や調理器具の名前と使い方はわかりますか?(ピーラー、すりこぎ、菜箸、蒸し器など)	
	・食材の切り方の名称を理解し切ることができますか?(乱切り、いちょう切り、面取りなど)	
	・基本的な調理はできますか?(煮る、焼く、炒める、揚げる、蒸すなど)	

トイレの掃除などは抵抗があるかもしれませんが、施設を利用する子どもの見本となるように、日ごろから技術を身につけ、積極的に取り組むようにしましょう。

相手が子どもならかかわりやすいのですが、成人の知的障害者の施設に実習先が決まってしまいました。今から不安で……。

保育所への就職を希望している学生にとっては、施設実習の意義が感じにくく不安だけが先行してしまいます。ましてや障害者と接する機会がこれまでほとんどなかった学生は、障害者支援施設での実習に強い緊張を覚えてしまいます。しかしこのような不安や緊張を抱いている先輩実習生の多くは、「年配の障害者の方々と接して、最初はどうかかわってよいのかわかりませんでしたが、徐々に慣れて何となく気持ちのやりとりができるようになってくると楽しくて。失礼かもしれませんが、チャーミングな面が見られてうれしかったです」「職員の方が自然体で入所者の方と接しており、私も影響を受けてほかの実習よりも私らしくのびのびできました」など、施設実習に対する感想が実習前後で変化する学生も多く見られます。

このように自分でつくり上げたイメージで先行した不安に一喜一憂するのではなく、施設の職員と施設で生活する子どもや利用者に感謝する気持ちをもちつつ、何のために施設実習を行うのか、また施設実習でどのようなことを学びたいのか(学べるのか)、などを考え決して受け身ではなく、積極的に実習に取り組みたいものです。

児童養護施設では高校生がいると聞きました。年齢が近いことが、安心でもあり、不安でもあります。かかわりで注意することはどんなことでしょうか？

実習生は、もともと集団で生活をしている中に「外からきた人」として一緒に生活をします。この点で、子どもとの関係をどのようにもてるかが、実習内容や成果に大きく影響を及ぼします。

実習生と高校生との関係は、友達関係とは異なり自由で対等な関係ではありません。高校生一人ひとりの特性や気持ちを配慮しながら自分を理解してもらい、仲間に入れてもらうという過程を踏んでいきます。あなたが高校生を理解したいように高校生もあなたを理解しようとします。高校生は、あなたのほかの子どもへのかかわり方や仕事への姿勢を見ています。明るくはっきりした話し方や態度、施設の生活の仕方や考え方を理解し順応していく姿勢が必要でしょう。そして何よりも彼らにていねいに対応することが大切です。

宿泊を伴う実習が決まりました。実習そのものも心配なのですが、宿泊も心配です。今から気をつけておくことはありますか？

まずは宿泊実習の意義を確認しておきましょう。職員は、子どもの衣食住をその日の活動と関連づけながら援助していきます。子どもの身体的・精神的状況を総合的にとらえながら接しているのです。この意味で職員の入所者への働きかけの一部分を見ただけでは、職員の役割を十分に理解することはできません。したがって実習中は、入所者が起床してから就寝まで、場合によっては寝ている時間さえも状態を把握しています。これらを短時間で総合的にかつ効果的に学ぶ最善の方法は、宿泊での実習といえます。

以上を踏まえた上で、宿泊を伴う実習で配慮することは以下のことがあげられます。

① 宿舎の規則を守る
② 宿泊部屋や利用した場所の清掃と整理整頓をする
③ 体調管理を徹底する
④ 複数での実習では実習生同士で遅くまでおしゃべりをしないなど注意をする
⑤ 宿泊部屋に戻ったら気分転換を心がける

column 「問題だ！」と思う行動の裏には……

児童養護施設などで生活する子どもたちの多くは、この世の中でもっとも信頼し依存できる保護者から苦痛や恐怖を受け入所しています。とくに被虐待児は、「自分なりに必死にがんばって育ててもらおうと思った」のにそれが叶わなかった体験から、「捨てられた」という意識をもちやすいのです。

シングルマザーの母親から、虐待を受けていたＫ太くん。何とかして母親から気に入られようと必死に笑顔を振りまいたり、自分で生活をしようとしたりしましたが、母親からの虐待は続き、小学校４年生のときに施設に入所しました。Ｋ太くんは、気持ちが高ぶると周囲に感情をぶつけます。暴れたあとは決まって「どうせ、俺なんていらないんだろ！」「みんな俺のことが嫌いなんだ」と言い、泣きます。

Ｋ太くんのように虐待を受けた子どもは、他人に恐怖心を抱いて信頼することがむずかしく、自分を大切にする気持ちが著しく欠如し、すべてに自信がもてないことが多いのです。したがって、周囲から向けられる目は、たとえ温かくポジティブな眼差しであっても、恐怖心や敵対心というネガティブな感情として受け止められ、「暴れる」という方法でしか示せないことが多いのです。

そのような背景をもつ子どもたちは、ほかの行動として「悪態をつく」「無反応を装う」「冷淡な振る舞いをする」などが見られます。しかしＫ太くんをはじめ、そのような子どもたちの気持ちには「誰も信用できない」「僕が悪い子だから暴力を振るわれるんだ」「誰からも愛されない」などの思いが根底にあります。見方を変えると傷つきやすい自分を必死に防衛しようとする働きからくる姿ともとらえられます。

ではここで、かかわりのポイントを整理してみましょう。まずは「問題」と見える行動のみに着目するのではなく、一般的で普通の姿や前向きな姿に着目します。生活をともにしながら、生活全般の世話をしつつ「この人（実習生）は僕を適切に正しく評価してくれる人なのだ」と感じるようなかかわりが必要です。つまり、相手がどのような子どもであっても「理解しようという気持ちをもつ。また自分も理解してもらおうとする」などの接し方が求められるということです。以下は、児童養護施設で実習した先輩の感想です。

初日から一言も話をしてくれない高校生がいました。毎日何とか話をしたいと思ってかかわっていくのですが、まったく話をしようとしてくれませんでした。自分でも焦れば焦るほど空まわりをしているのがわかりました。しかし、日を追うごとに「言葉」でのやりとりこそありませんが、表情が和らいでくれているのがわかりました。最終日になり、お別れを伝えたところ、小さい声で「お姉さん（実習生）もがんばって」と、はじめて笑顔で話をしてくれました。泣きたくなるほどうれしかったです。

Part2

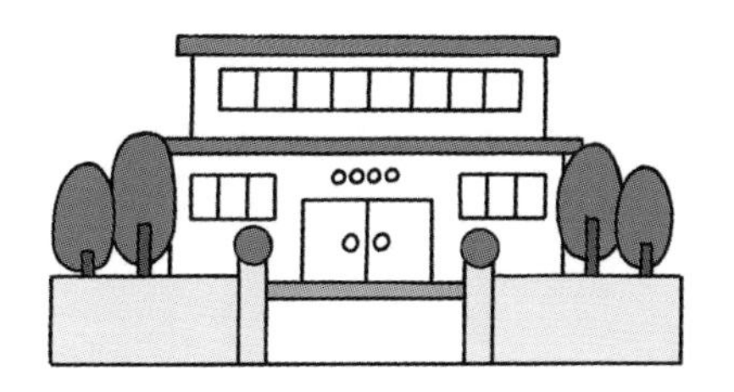

施設実習中に
確認しておこう

1 実習初日の心得

実習初日は、実習生の誰もが緊張するものです。知らない人や知らない場所、知らないことが実習生を不安にさせたり、緊張させたりします。次のようなことに留意して実習初日を過ごしてみましょう。緊張も次第にほぐれていきます。

時間に余裕をもって行動しよう

実習初日を迎える前に、オリエンテーションで説明されたことをもう一度確認しておきましょう。そして、オリエンテーションで確認できなかったことやわからないことなどは、実習初日までに自分から確認しておくことが大切です。わからないままにしておくと、積極的に動くことができないどころか、不安が募り実習がうまくいかないでしょう。

確認をしても実習初日はわからないことが多いものです。たとえば、朝、実習先に着いてから、どこで着替えをすればよいのか、トイレはどこを使ってよいのか、出勤簿はどこにおいてあるのかなど、とにかく一つひとつのことがはじめてで不安です。一つひとつ確認をとる必要が出てくることが予想されますので、**とくに実習初日は時間に余裕をもって出勤しましょう**。時間的な余裕があることであわてず落ち着いて行動できます。

にこやかに明るくあいさつをしよう

人との出会いはあいさつからはじまります。気持ちのよいあいさつが交わせると、その後の関係も良好になるでしょう。実習でお世話になる施設の職員に、にこやかに明るくあいさつをしましょう。

「あいさつをしたのに相手からあいさつが返ってこなかった」と肩を落とす何人もの実習生に出会ってきました。よく話を聞いてみると、確かにあいさつはしていますが、そのあいさつが相手に届いていないということがよくあるようです。多くの場合、実習生は緊張していますから、自分はあいさつしているつもりでも声が小さくうつむいていたり、表情が硬かったりして、そのあいさつが相手には届いていないのです。**あいさつは相手の目を見て、にこやかな表情で明るくするように心がけましょう**。

また、実習初日にはじめて会う職員もいらっしゃいます。はじめての人にあいさつすることに躊躇してしまう実習生も多いかもしれません。しかし、実は相手も同じ思いです。知らない人から急にあいさつされたことを想像してみてください。ただ「おはようございます」と言うだけでなく、「○○大学（短期大学・専門学校）の○○と申します。今日から実習でお世話になります。よろしくお願いします」という言葉も添えることが必要です。実習初日にこのようなあいさつを交わせたら、施設の職員のみなさんも実習生のあなたを気持ちよく迎え入れることができます。

実習で直接やりとりをする職員は一部の職員かもしれませんが、施設の職員全員が実習生のあなたを受け入れてくださっています。実習初日はもちろん、毎日、施設の職員には気持ちのよいあいさつを心がけましょう。あいさつは重ねるたびに人間関係が深まります。指導をしてくださる職員に対し、**自分からよい関係を築いていこうと努力することが大切**です。あいさつはその一つの大事な行動になります。初日から気持ちのよいあいさつを交わして、よい実習にしましょう。

子どもや利用者に自分から自己紹介をしよう

実習で出会う子どもたちや利用者と少しでも多くかかわりをもちたいものです。実習は、子どもたちや利用者とのかかわりを通して学ぶことのできる貴重な場です。実習生はどうしても緊張から動きが硬くなり、自分から子どもたちや利用者の中に入っていけなかったりします。短い実習期間ですから、できるだけ早くに子どもたちや利用者とかかわりがもてるようにしたいものです。そのためにも、**実習初日には自分から自己紹介をする**とよいでしょう。自分は**どこからきた、何という名前の、どんな人物なのかということを簡単に伝えられるとよい**でしょう。こうした自己紹介がきっかけとなり、子どもたちや利用者とのかかわりが生まれていきます。

場合によっては、子どもたちや利用者の前で自己紹介をする時間をいただける場合があります。いずれにしても、自分がどのような人物であるのか、何のために実習をしているのかなどをよく知ってもらい、自分もまた子どもたちや利用者を理解しようとすることで、かかわりが生まれ、深まっていくものと思います。かかわりのきっかけを待っているのではなく、自らかかわりのきっかけとなるような自己紹介ができるように準備しておきましょう。

Let's try

自己紹介の練習をしよう

実習を行う施設の子どもや利用者への自己紹介の練習をしてみよう。相手に合わせた内容を考え、グループで練習をしよう。

STEP ① 名前、所属校などのほかに、自分らしさが伝わる内容を考え、実習を行う施設の子どもや利用者の特性を踏まえ、どのような方法や言葉で伝えたらよいか考えてみよう。

STEP ② 5～6人のグループになり、自己紹介をしてみよう。それぞれの自己紹介でよかった点、改善点をお互い発表してみよう。

各施設の一日の流れと実習内容

施設での一日の流れを理解しよう

ここでは、各施設での一日の流れの全体像が把握できるよう、施設ごとに解説します。実習生にとって保育内容がイメージしやすい幼稚園や保育所、認定こども園に比べ、施設の場合は**それぞれの創立理念や地域性が反映され、施設の独自性が強い**という特徴があります。これからあげる例は、あくまでも、各施設を制度別に分けた場合の代表的な事例としてとらえた上で、自分の実習を行う施設について確認しましょう。

実習先が決まったら、まず**施設のホームページやパンフレットを熟読**しましょう。これらは、あくまでも「一般の人」向けに書かれたものなので、受け入れる施設は、この程度の知識はもった上で実習にくるものと期待しているはずです。授業で習ったかどうかに関係なく、最低限でも、ホームページやパンフレットに書かれている内容についてはすべて、確実に理解しておかなければなりません。このような大前提を踏まえた上で、実習先の施設での一日の流れについて事前学習するための重要なポイントを５つあげておきます。ホームページなどだけでわからない点については、同じ施設で実習した先輩に聞いたり、養成校の実習担当の教員に相談したりするなど情報収集してください。

施設を理解するためのポイント

入所系か通所系か確認しよう！
- 入所の場合は、職員の勤務形態（シフト勤務）について理解しておきましょう。
- 通所の場合は、どのような集団編成があるか調べておきましょう。

実習先の施設で多くの子どもや利用者が抱える問題は何かを理解しておこう！
- 各施設において子どもや利用者が抱える問題はさまざまです。実習を行う施設の子どもや利用者が抱える問題について具体的に理解しておきましょう（本書 p.22 ～ 27 参照）。

家庭支援はどのようになされているか確認しておこう！
- 母子生活支援施設、児童発達支援センター、児童厚生施設（児童館）などは子どもだけではなく、保護者への直接的援助の比重が高く、実習生であっても家族とやりとりする機会が多くなります（本書 p.78 参照）。

利用者はどの年代の人が多いかを確認しておこう！
- 児童養護施設などでは、退所者へのアフターケアも業務として行っています（本書 p.28 参照）。
- 児童養護施設や障害児入所施設では、制度上は児童福祉施設であっても、18 歳以上の成人も在籍していることがあります。

多職種連携はどのように行われているかを理解しておこう！
- 施設によってさまざまな職種との連携が行われています。実習を行う施設には、保育士のほかにどのような職種の人がいるのか事前に把握しておきましょう（本書 p.27 参照）。

入所施設のシフト勤務について理解しよう

入所施設の多くは、一日まるごと、あるいは長時間にわたってサービスを提供するものが多いため、職員が交替で勤務しています。一日の勤務時間は原則8時間までとされている上に、パート勤務の職員も多いため、複雑なシフト勤務体制となっています。シフト勤務の組み方は、それぞれの施設で大きく異なりますが、代表的な勤務について説明します。

代表的なシフト勤務の例

勤務形態（時間）	勤務内容
日勤 （9:00 ～ 18:00）	通常時間帯の勤務。その日のリーダーを務めることもある。通所施設では、この時間帯の中で、業務が行われる。
早番 （6:00 ～ 15:00）	登園・登校の支度・送り出し。園に残った子どもの対応、病院へのつき添いなど。
遅番 （14:00 ～ 22:00）	放課後から就寝時までの対応。食事・着脱・排泄・入浴等に加え、プログラム・余暇活動・学習指導なども行う。
夜勤 （17:00 ～翌 10:00）	見まわり・添い寝・投薬・夜尿などの対応にあたる。職員の仮眠の時間も含まれる。
宿直 （22:00 ～翌 6:30）	非常時に備えた夜間滞在で、勤務時間には含まれない施設もある。
断続勤務 （7:00 ～ 9:00/15：00 ～ 21:00）	業務の多い時間帯に職員の勤務時間が重なるよう勤務する（子どもが学校などに行っている間を休憩時間にあてる）。

サービスの継続性と一貫性を保つために、各施設が工夫し、職員間で引き継ぎや情報共有をしています。**さまざまな職種の職員が全員でチームを組み、施設の生活全体をつくり上げている**という観点からシフト勤務を観察すると、それぞれの職員の果たしている役割が見えてくるでしょう（本書 p.83 参照）。実習生も上記のようなシフト勤務の中で、8時間程度の実習を行います。

通所施設の集団編成について理解しよう

子どもや利用者やその家庭のそれぞれのニーズに合わせたサービスを提供するために、さまざまな形態の集団編成が行われています。年齢・障害の種類などさまざまな指標をもとに編成されますが、ここでは代表的な編成方法について説明します。

通所施設の集団編成

単独参加のクラス（グループ）
子どもや利用者だけが参加する形態で、人数は多くても10名程度の小規模集団が多い。

親子参加のクラス（グループ）
保護者も一緒に参加する形態で、子どもへの介助の仕方などを学ぶ。

卒園児のアフターケアのクラス（グループ）
地域の幼稚園や保育所、認定こども園に移行した卒園児やその保護者に対しては、随時、相談を受けつけながら、クラス（グループ）で集まり、親睦を深めたり、情報交換などを行う。

プログラムのみ
クラス（グループ）には所属せず、個別に心理療法や機能訓練など専門的なケアを受ける。

では次頁より、各施設の一日の流れと実習生の行う可能性のある動きを紹介していきます。

児童養護施設

児童養護施設に入所する多くが18歳までの子どもですが、18歳を過ぎても支援が必要な場合は生活をすることができます。子どもたちの起床から就寝までの一日を一緒に過ごし、生活しながら児童養護施設の目的や養護内容、機能について理解していきましょう。生活が中心となるので、子どもとのかかわりだけではなく、家事も業務として実習生が行います。調理、掃除、洗濯などの**家事が苦手な人は自分自身で行えるよう事前に十分に練習しておく**とよいでしょう。

児童養護施設の実習にあたっては、まず子どもとのかかわりを通して子ども一人ひとりがどのような子どもなのか理解しようとすることが重要です。また、子どもにとって施設での生活は、安心感があり落ち着けること、より家庭に近い形で生活をしていることなども着目してみましょう。さまざまな背景を抱えている子どもと生活を一緒にしていく中で、それぞれの子どもの課題や必要なケアを知ることができます。

児童養護施設では入所している子どもの家庭の事情はさまざまです。抱えている背景を理解し、言動には気をつけましょう。そして知り得た情報は絶対に漏らしてはいけません。また、子どもたちの年齢の幅が広いので、**それぞれの子どもの年齢に合わせたかかわり方が必要**となります。

また、実習生とはいえ実習中は"施設にいる職員の一人"です。いくら親しくなったからといって友達ではありませんので、**施設職員としての立場や距離感を保ちながら積極的に実習に臨みましょう**。

実習では、職員と子どものかかわりも注意深く観察してみましょう。信頼関係が築かれている職員とそうではない実習生とでは、子どもの対応も異なってきます。信頼関係の深さによって、子どもの対応が異なる場面が見られ、学びにつながると思います。

児童養護施設での実習のポイント

掃除・洗濯・調理などの家事はできるようにしておこう

日常生活での実習のため、苦手な家事は練習し、基本的な家事については実習までにできるようにしておきましょう（本書 p.17、56 参照）。

子どもの抱える背景に配慮しつつ、守秘義務はとくに注意しよう

子どもの抱える背景について十分に理解し、言動を意識して気をつけましょう。また、情報が保護されるように守秘義務はとくに注意を払いましょう。

年齢が近い子どもへの配慮や施設職員としての距離感を保とう

子どもが中高生の場合、実習生とは年齢が近く思春期などで、実習生に冷たい態度や傷つくようなことを言ったりすることもあります。実習生から積極的にあいさつなどし、話しかけていきましょう。徐々に子どもたちからの応答があるはずです。

また逆に距離が近くなりすぎる子どももいます。あくまでも実習にきているということを忘れず、子どもとの一定の距離感を保ちましょう。できることとできないこと、いやな感情になったことはきちんと伝えましょう。できない約束をしてしまったり、勝手に判断をしてしまうことがないよう、対応に困った場合は、職員にかならず相談しましょう。

ある児童養護施設の一日の流れ

時間	流れ	実習生の動き
6:30	起床	・子どもたちを起こす。 ・援助が必要な子どもには着替えの援助を行う。
7:00	朝食	・朝食の準備を手伝う。 ・子どもと一緒に朝食をとる。子どもたちと会話をしながら食事の様子を観察する。 ・朝食の片づけを手伝う。
8:00	登校	・子どもたちの登校を見送る。
8:30	掃除 洗濯	・部屋、トイレ、お風呂などの掃除をする。子どもたちの居室の掃除について職員に確認する。 ・洗濯をし、洗濯物や布団を干す。
9:30	幼児の保育	・担当のグループに幼児がいれば、幼児の保育を行う。
11:30	昼食	・昼食の準備を手伝う。 ・子どもと一緒に昼食をとる。子どもたちと会話をしながら食事の様子を観察する。 ・昼食の片づけを手伝う。
13:00	休憩	・自室に戻り休憩する。実習日誌の記録をする。
15:00	下校 おやつ	・子どもたちの下校を受け入れる。 ・おやつの準備をする。
16:00	宿題手伝い 遊び	・子どもたちの宿題を手伝う。 ・宿題のおわった子どもたちと一緒に遊ぶ。
17:00	入浴	・幼児の入浴援助を行う。
17:30	夕食準備	・夕食の準備を手伝う。
18:00	夕食	・子どもと一緒に夕食をとる。子どもたちと会話をしながら食事の様子を観察する。 ・夕食の片づけを手伝う。
19:00	入浴 幼児就寝	・小学生以上の子どもたちの入浴の言葉かけを行う。 ・幼児の着替えを援助し、眠れるようにそばに寄り添い、体に軽くふれたり、さすったりする。
20:00	小学生低学年 就寝	・小学生低学年の子どもに寝る準備をするよう言葉をかける。 ・明日の準備ができているか一緒に確認する。
21:00	小学生高学年 就寝	・小学生高学年の子どもに寝る準備をするよう言葉をかける。 ・中学生以上の子どもたちと話をする。
22:00	中学生就寝	・就寝時間の言葉かけを行う。

知って おきたい

施設実習 基礎知識 ⑨

どの施設実習も共通する押さえておきたいこと

通勤、宿泊、いずれの場合でもすべての施設実習において大切な基本事項です。時間に余裕をもって行動し、確実に行うようにしましょう。

- 実習開始時間までに、身支度と出勤簿への押印をすませておきましょう。
- 勤務開始時には、そのシフト勤務に入る職員への引き継ぎが行われますので、その前後に、実習担当の職員とその日の実習内容の確認を行いましょう。
- 実習終了時は、実習担当の職員だけでなく、お世話になったほかの職員にもお礼を述べてから退勤しましょう。

乳児院

乳児院では０～２歳を中心とする乳幼児の子どもが生活をしています。24時間体制での養育であることを意識して、一日の生活の流れを把握するだけではなく、職員間の連携や**子ども一人ひとりに合わせた養育が行われていることにも着目**して実習してみましょう。養護技術や乳幼児の発達については事前に確認しておきましょう。おむつ交換や授乳など基本的な技術を観察しながら、一人ひとりの子どもに合わせて実践していくことで理解を深めていくことができるでしょう。

乳児院では子どもと担当者とのかかわりをとても大切にしており、子どもとの関係が継続されたものとなるように考えて**担当制**を取り入れています。実習生が子どもとかかわる上で、子どもが乳児院に入院する理由にはさまざまな理由があることを意識してかかわるようにしましょう。やりとりの際、言葉でのコミュニケーションがとれないこともあるかもしれません。その際には、**笑顔でやさしい言葉かけやスキンシップを意識**してみてください。

子どもは人見知りもあり、実習生に寄ってきてくれる子どもや泣いてしまう子どもなどさまざまです。実習生は乳児院の一日の流れを理解した上で、職員の子どもたち一人ひとりへの言葉かけや対応の仕方をよく観察し参考にして、自分自身のかかわりの中に取り入れてみましょう。

また、入所系の施設ですので、実習生にも家庭と同様の家事を求められます。乳幼児は感染症などにかかりやすいので、玩具の消毒や部屋の細かな掃除はもちろんのこと、衣類やタオルなどの洗濯も日々行うため、洗濯の回数も多いです。掃除などの家事を行うことで、子どもたちが衛生的で快適に過ごすことができるように環境を整えます。そのような家事も重要な意味をもっていることを意識しましょう。

乳児院での実習のポイント

一人ひとりに配慮したかかわりを学ぼう

職員は子ども一人ひとりに配慮したかかわりをしているはずです。その部分に着目して、かかわってみましょう。

コミュニケーションがとれないときのかかわり方を学ぼう

子どもと実際にふれあうときには、子どもの言葉を表情豊かに反復して返すなど愛情を込めて話しかけながらかかわってみましょう。

衛生面の配慮を学ぼう

乳幼児に対する清掃のような環境面に対する配慮や、こまめな手洗いなどの職員個人の衛生面に対する配慮などを具体的に学びましょう。

部分実習などの活動や遊びの準備をしておこう

実習先によっては、部分実習（手遊びや絵本の読み聞かせ）などを行う場合もあります。乳幼児の子どもに合った手遊びや絵本を準備しておくとよいでしょう。

ある乳児院の一日の流れ

時間	流れ	実習生の動き
6:30	起床 検温	・子どもたちを起こし、着替えの援助を行う。 ・おむつ交換の仕方や検温の様子を観察し、実践する。
7:00	朝食	・朝食の準備を手伝う。子どもたちの食事の様子を観察する（職員の言葉かけや援助を含む）。食事の援助を行う。 ・朝食の片づけを手伝う。
8:30	遊び 洗濯	・子どもと一緒に遊ぶ。 ・洗濯物を干す。
9:30	散歩	・子どもの衣類の着脱の援助を行う。 ・ベビーカーを押したり、歩ける子どもとは手をつなぎ歩く。
10:30	遊び 入浴	・子どもと一緒に遊ぶ。 ・入浴の準備、援助を手伝う。
11:30	昼食	・昼食の準備を手伝う。子どもたちの食事の様子を観察する（職員の言葉かけや援助も含む）。食事の援助を行う（下記「実習例」参照）。 ・昼食の片づけを手伝う。
12:30	午睡	・布団を準備する。 ・子どもが眠れるように、そばに寄り添い体に軽くふれたり、さすったりする。 ・休憩をとる。 ・洗濯物を片づける。 ・部屋などの掃除をする。 ・子どもたちを起こし、布団を片づける。
15:00	おやつ	・おやつの準備を手伝う。子どもたちのおやつの様子を観察する（職員の言葉かけや援助を含む）。おやつの援助を手伝う。 ・おやつの片づけを手伝う。
16:00	遊び 入浴	・子どもと一緒に遊ぶ。 ・順番に入浴するので、職員の入浴の援助を手伝う。 ・着替えの援助を行う。
17:00	夕食	・夕食の準備を手伝う。子どもたちの食事の様子を観察する（職員の言葉かけや援助を含む）。食事の援助を行う。 ・夕食の片づけを手伝う。
18:00	遊び 着替え	・夕食を食べおえた子どもから一緒に遊ぶ。 ・寝る前の着替えの援助を行う。
20:00	就寝	・子どもが眠れるように、そばに寄り添い体に軽くふれたり、さすったりする。

実習例　離乳食の援助

はじめて離乳食の援助を行い、離乳食と幼児食の感触や硬さの違いなどを知ることができました。食事の場面での一対一の対応は、私の言葉かけによって、子どもの反応が変わるのだいうことを実感することができました。言葉はうまく話せなくても、「おいしいね」などと言葉をかけることで、子どもが笑顔になったりするので、食事中のやりとりも大切だと思いました。食べさせようとするのではなく、子どもの気持ちも考えて援助することを心がけたいです。

母子生活支援施設

母子生活支援施設は、子どもと母親が一緒に入所できる施設です。ほかの施設とは異なり、母子世帯としての生活を支援していくことが施設の目的でもあります。

母子生活支援施設で生活する母子が施設に入所する背景には、夫などからの暴力（DV）や経済的な理由、住宅事情による理由がありますので、事前に理解しておきましょう。子どもたちも、DVという不適切な関係を見聞きすることで傷ついていることや、住み慣れた場所から生活の場を移したことでのさびしさや見通しがもてない不安など、複雑な想いを抱えている場合が多いので、その点についても理解しておくことが必要です。施設によっては、入所している母子を対象に心理療法も行われています。

実習生が直接保護者とかかわるようなことはほとんどありませんが、あいさつを交わす機会はあります。その際は、しっかりとあいさつをしましょう。**実習生といえども保護者からは“施設にいる職員の一人”**として見られるので、**礼儀正しい態度で接すること**が求められます。また、職員が保護者へ行う支援を観察し、保護者へのかかわり方を学ぶようにしましょう。

日中は子どもたちも学校や保育所に行っていますが、施設内での保育が必要な子どももいますので、そのような子どもの保育に携わることになります。また、施設内の環境を整えるための清掃なども行います。子どもたちが学校から帰ってきたあとは、子どもの宿題を見たり、一緒に遊んだりします。

母子生活支援施設での実習のポイント

実習で直接かかわらない人にも礼儀正しい態度で接しよう

入所している保護者や直接かかわることがない職員にも、礼儀正しい態度で接するよう心がけましょう。実習生とはいえ、入所者や他者からみれば、施設の職員の一人です。

施設の住所などの情報についても十分に配慮しよう

どの施設でも守秘義務は当然のことですが、母子生活支援施設の場所・施設内のすべての情報の取り扱いには十分に気をつけましょう。DVなどにより母子生活支援施設に入所しているケースも多くあるので、居場所を隠して入所している親子もいます。入所施設名や住所などの情報が漏れてしまうことは危険です。そのような背景も十分配慮して実習するように心がけましょう。

ある母子生活支援施設の一日の流れ

時間	流れ	実習生の動き
7:00	施設内巡回 補助保育	・職員による施設内巡回を観察する。 ・子どもの登校・保護者の出勤の確認を手伝う。 ・職員の保護者からの連絡受理の様子を観察する。 ・施設内保育が必要な子どもの保育を手伝う。
9:00	朝礼	・実習生も朝礼に参加する。打ち合わせを聞き、連絡事項や一日の動きについて確認する。
9:30	施設内掃除 保育	・施設内の玄関や廊下、トイレなどの清掃を行う。 ・施設内保育が必要な子どもの保育を手伝う。
11:00	事務作業 保育	・職員の事務作業を手伝う。 ・施設内保育が必要な子どもの保育を手伝う。
12:00	昼食 休憩	・昼食をとり、休憩する。 ・休憩の間に午前中の日誌を記録する。
13:00	事務作業 保育	・職員の事務作業を手伝う。 ・さまざまなケースについて可能な範囲で記録を見せてもらう。 ・施設内保育が必要な子どもの保育を手伝う。
15:00	下校 学習指導 遊び	・子どもたちの下校を迎える。 ・宿題などを学習室でみる。わからない問題については教える。 ・外や施設の中で子どもと一緒に遊ぶ。
18:00	保護者対応・支援 補助保育 片づけ	・保護者の帰宅を迎える。 ・子どもに保護者が帰宅したことを伝える手伝いをする。 ・職員の保護者対応や支援を観察する。 ・まだ戻らない保護者の子どもの保育を手伝う。 ・室内の片づけを行う。
19:00	保護者・子ども帰宅 宿直職員へ引き継ぎ	・保護者と子どもの帰宅を見送る。 ・保育室の片づけ・清掃を行う。 ・宿直職員への引き継ぎの様子を観察する。
21:00	施設内巡回	・職員による施設内巡回を観察する。 ・宿直職員の警備員との連携を観察する。 ・夜間支援や緊急時対応について学ぶ。

実習例 日曜日の過ごし方

私が実習を行った母子生活支援施設では、日曜日には母親と子どもが過ごせる大切な時間としていて、預かり保育は特別な事情がない限り行っていませんでした。私も、子どもが母親と一緒に過ごすことのできる大切な時間なのだとわかり、その日は事務所での業務を手伝わせてもらいました。しかし、午前中の間に何人かの母親が事務所に訪れ、職員と会話をしていました。何か困ったことでもあったのだろうかと思っていましたが、午後になっても、数人の母親が事務所を訪れていました。

私は何かあったのかと思い、職員に質問をしたところ、職員から特別に何かあったわけではなく、母親も誰かと話をしたいことや、育児で少し困っているようなことを話すために来ていたのだと教えてもらいました。母親との信頼関係を十分に築くことで母親が、安定した気持ちで生活を送ることができるようにする支援も重要なのだと思いました。

児童相談所一時保護施設

一時保護施設はほかの児童福祉施設とは異なり、**子どもを一時的（およそ２か月以内）に保護する施設**です。短期間、子どもが生活する場所となります。子どもを保護する施設ですから、子どもがとても不安定であったり、混乱している状態の場合もあります。実習生は子どもの生活を支援するため、少しでも**安心して生活してもらえるようにかかわっていくことが大切**です。退所後、子どもが家庭に戻っても、どこか施設に措置されても、安定した日常生活を送ることができることを目指した職員のかかわりや援助について学びましょう。

子どもが一時的にしか生活をしない場ですが、子どもにとって大人とのかかわりは重要です。実習生であっても子どもから見れば大人です。大人の言動が子どもに大きな影響を及ぼす可能性があることを忘れないようにしましょう。

また、子どもがなぜ一時保護されるのか、なぜ緊急保護をしなくてはならないのか、その理由にも目を向けてみましょう。子どもは、虐待や子ども自身の行動などの理由により、家庭から一時引き離す必要があると判断された場合、一時保護施設へ入所することが決定します。子どもは一時保護という行政処分を受けた上で、保護施設において生活をします。そのため、行動制限があり学校に通うことができません。一時保護施設の一日の生活の中で学習時間が設定され、子どもに合わせた学習計画が組まれています。在籍している学校との連携により、どのような内容の学習をすればよいのか配慮がされています。子どもたちの学習を観察する際には、そのような点を意識して観察してみるとよいでしょう。子どもの状況によっては、学習できないような場合も考えられます。職員がそのような子どもに対してどのように対応しているのか見てみましょう。

実習生が注意すべき重要な点は、子どもの個人情報に関することです。母子生活支援施設と同様に、**子どもが一時保護施設にいることや施設内のことが外部に漏れるようなことがあっては絶対にいけません**。そのため、実習日誌の記録は施設の中で行い、提出をするようにしている施設もあります。柔軟に対応できるようにしましょう。

一時保護施設での実習のポイント

子どもへのかかわり方に配慮しよう

緊急で一時保護での入所の子どもですので、安心して過ごせる環境となるような配慮が必要です。また不安定であったり混乱している子どもも多くいますので、言動には十分に気をつけましょう。

学習指導についても学ぼう

行動制限があり、学校に通うことができない子どもへの学習への指導や支援の仕方について、学校とどのように連携しているのか、職員がどのように対応しているのか意識して観察してみましょう。

実習日誌の提出の仕方を確認しよう

実習日誌の記録を施設の中で行い、提出をするようにしている施設もあります。オリエンテーション時に実習日誌の記入場所や提出の仕方について確認しておきましょう。

ある一時保護施設の一日の流れ

時間	流れ	実習生の動き
6:30	起床・洗面・掃除	・子どもを起こし、幼児の着替えを援助する。 ・朝食の準備を手伝う。
7:30	朝食	・子どもと一緒に朝食をとる。子どもと会話をしながら食事の様子を観察する。
8:45	朝礼	・子どもたちの朝礼の様子を観察する。
9:00	保育 学習・運動時間	・幼児の担当であれば保育を行い、小学生以上の担当であれば、子どもの学習や運動の様子を観察する。 ・職員の学習指導（教材準備や練習問題の丸つけなど）を手伝い、子どもにわからないところを解説する。
11:30	昼食準備	・子どもたちの昼食の準備を手伝う。
12:00	昼食	・子どもと一緒に昼食をとる。子どもと会話をしながら食事の様子を観察する。
13:00	午睡 学習・運動時間	・幼児の担当であれば午睡の援助を行い、小学生以上の担当であれば、子どもの学習や運動の様子を観察する。 ・職員の学習指導（教材準備や練習問題の丸つけなど）を手伝い、子どもにわからないところを解説する。
15:00	入浴 おやつ	・幼児は午睡から目覚め、おやつを食べる。その後、順番に入浴するので援助を行う。 ・小学生以上はおやつを食べる。
16:00	自由遊び 余暇・入浴	・入浴をおえた幼児と一緒に遊ぶ。 ・小学生以上は順番に入浴するので、職員の補助をする。
17:00	夕食 清掃	・幼児は夕食をとる。子どもと会話をしながら食事の様子を観察する。 ・小学生以上の室内清掃の様子を見守る。
17:45	夕食準備	・夕食の準備を手伝う。
18:00	夕食	・子どもと一緒に夕食をとる。子どもと会話をしながら食事の様子を観察する。
19:00	幼児就寝	・子どもが眠れるように体に軽くふれたり、さすったりする。
20:00	小学生低学年就寝	・就寝の準備を見守る。 ・就寝時間の言葉かけをする。
21:00	小学生高学年就寝	・就寝時間の言葉かけをする。
22:00	中学生就寝	・就寝時間の言葉かけをする。

実習例　子どもとのかかわり方について

子どもたちは、実習生の私にも「これやって」などと甘えてくる姿が多く見られました。私は、子どもの甘えを受け止めることも大切だと思い、子どもの要望にはすべて応えてしまいました。しかし、子どもの甘えを受け止めることは、すべてよいことではないと職員から学びました。子どもの退所後のことを考え、不安な気持ちを受け止めつつ、子どもの言いなりになるようなかかわりをしないようにとの助言をもらいました。私はここでの生活が一時的なことであることや、虐待などを受け生じてしまった大人との信頼関係を修復することは想像以上にむずかしいと感じ、子どもとのかかわり方への配慮や距離感は十分に考えて行わなければいけないと思いました。

福祉型障害児入所施設①

（旧）知的障害児施設

旧区分では「知的障害児施設」と呼ばれ、**知的障害がある子どもの日常生活動作（ADL）の指導や機能訓練のための入所施設**です。ただし、現在では障害者支援施設への移行が進められていますが、施設不足などの理由により**成人しても引き続き在籍している人もいます**。

一人ひとりが、年齢も障害特性も異なっている上に、家庭事情も多岐にわたります。そのため、将来の自立に向けた援助のための基本方針は一人ひとりのニーズに合わせて立てられます。その具体的な内容は、「**個別支援計画**」や「**個別指導計画**」（本書 p.33 参照）にまとめられていますが、一日の生活の流れの中からおおまかに把握したい場合には、以下のポイントに沿って観察してみるとよいでしょう（p.74 の実習のポイント②もあわせて参照しましょう）。

障害特性についてどのような配慮が行われているのかを学ぼう

知的障害だけでなく、ほかの障害も重複していることがあるため、障害種別にとらわれずあらゆる障害を視野に入れた支援が行われています（本書 p.22 〜 27 参照）。

養護上の問題にどのように対応しているかを学ぼう

両親の離婚などによる家庭機能の低下だけでなく、両親が揃っていても虐待経験をもつなど、養護上の問題も抱える子どもや利用者が増えています（本書 p.22 〜 27 参照）。

退所後の自立生活を目指してどのようなプログラムが用意されているか学ぼう

高校生や成人に対しては、将来、就労したり一人暮らしやグループホームで生活したりすることも視野に入れた支援も行われています。

知って おきたい　施設実習 基礎知識 ⑩

こだわりとパニックへの対応について

こだわりやパニックは、自閉症の症状として有名ですが、障害の重い場合、診断名に関係なく、よく見られます。表面だけ見ると、理解しがたい行動や社会的に望ましくない行動が多いものの、本人なりの理由はあり、それが十分に満たされれば、自然におさまります。したがってその原因を探りながら対応することになります。

こだわりの事例を一つあげましょう。化繊の光沢がある布にこだわりのある高校生の男の子がいました。化繊のスカートをはいた実習生がオリエンテーションで園内を見学していたとき、いきなり、その子はスカートをめくってしまいました。その子に性的な関心は毛頭なかったのですが……。もちろん、その高校生には厳重注意がなされましたが、それ以降、こだわりが消失するまで、スカート着用者の見学は遠慮してもらうことになりました。

このように、こだわりの中には、本人にはまったく悪気がなくても、社会的には許されないものもあります。その場合は、周囲にも許容できる形に置き換えられるよう働きかけたり、場合によっては、こだわりが消失するような心理療法を行ったりします。この事例の場合は、本人が好む色合いや手ざわりの布をハンカチがわりに携帯してもらう手立てがとられました。ただし、まわりの人や自分自身を傷つけるようなこだわりやパニックの場合は、安全確保が最優先となります。実習生自身も巻き込まれてけがをしてしまうことがあるので、職員にすぐ相談するなど臨機応変に対応しましょう。

ある福祉型障害児入所施設の一日の流れ①

時間	流れ	実習生の動き
7:00	起床・排泄 洗面・着替え 朝食・投薬 歯磨き・排泄	・排泄が自立していない子どもを早めに起こしてトイレに座らせる。 ・子どもの状態や意欲に合わせて、排泄・着脱・食事の介助を行う。 ・布団の上げ下ろしや配膳を手伝う。 ・間違いなく投薬を行うための職員の動きを観察する。 ・健康チェックをして、登園・登校が可能かどうか判断する様子を観察する。
8:00	送り出し	・学齢児の学校への送り出しを行う。 ・幼児の幼稚園への送り出しを行う。
9:00	スタッフ・ミーティング 事務 残った子どもへの対応 （休憩）	・ミーティングや記録を行う。 ・他職種・家庭・他機関と連絡する様子を観察する。 ・園内の清掃を行う。 ・学校や幼稚園を病気で欠席した子どもの看護や通院を手伝う。 ・未就学児がいる場合は、園内で活動が行われることもある。 ※断続勤務で休憩時間が長い園では、在園する子どもが少ない時間帯は、外出したり、職員宿舎や自宅に帰ってもよいところもある。
14:30	出迎え 着替え 排泄 おやつ 翌日の登校（園）準備	・学校や園への迎えが必要な場合に、対応する様子を観察する。 ・子どもの状態や意欲に合わせて、着脱の介助を行う。ボタンをはめたり、衣服をたたんだりしているときは、せかさず見守る。 ・体調が悪いとき以外は、おむつをはずし、トイレでの排泄を促す（下記「実習例」参照)。 ・おやつの配膳や介助を手伝う。 ・学校や幼稚園からの連絡事項を把握し、翌日の準備をする様子を観察する。
15:30	訓練 余暇活動	・訓練やプログラムが行われる場合には、それを観察する。 ・自由遊びの場合は、好きな遊びを通して、子どもとかかわる。
16:30	排泄・入浴	・排泄や入浴介助の手伝いを行う。
18:00	夕食・投薬 歯磨き	・配膳や食事介助を手伝う。 ・夕食の席では、その日あったことなど、子どもとの会話を楽しむ。 ・苦手な食材でも食べる努力をしているときはほめる。
19:00	余暇活動 排泄・着替え	・自由遊びの場合は、好きな遊びを通して、子どもとかかわる。 ・個別のかかわりを行う場合には、部屋を別にするなど、環境にも配慮する。
20:00	幼児就寝 学齢児就寝	・必要に応じて、枕元につき添ったり、添い寝を行う。 ・就寝時間ではない子どもが静かに過ごせるよう配慮する。

実習例　排泄訓練

小学生以上でも、身体障害や重い知的な遅れがある場合は、排泄自立ができていない子どもがほとんどでした。施設では、就寝時以外はパンツにして、施設全体で排泄訓練を行っていました。職員全員で、すべての子どもの排泄状況を把握するために、子どもの排泄状況を連絡し合うためのチェック表や連絡ボードがあり、私も排泄を援助するたびに、必要事項を書き込みました。また、失敗するたびに、本人やまわりの子どもが不快な思いをしないよう、素早く、着替えられるよう援助したり、清掃したりするために、職員同士が言葉をかけ合って、きびきびと動いていました。大勢の職員で情報を共有し、一人ひとりの子どもの状況に合わせて適切に対応するために、さまざまな工夫がなされていることがわかりました。トイレでの排泄に成功したときの子どもの誇らしげな顔を見て、発達過程はゆっくりでも、できたときの喜びはみんな同じだと思いました。

福祉型障害児入所施設②

（旧）盲ろうあ児施設・自閉症児施設 等

2012（平成24）年の児童福祉法の改正により、障害児入所施設として一元化されていますが、それまでは前頁で説明した「知的障害児施設」のほか、「盲ろうあ児施設」「自閉症児施設」もあり、**それぞれの障害特性に応じて長年にわたり培ってきた独自のノウハウが存在します**。今後も前頁で説明した障害児に対する入所系のサービスをベースにしながらも、旧区分での障害特性に対応するためのサービスもその施設の得意分野として活用されていくことでしょう。そこで、ここでは、旧区分での各施設の特徴についても解説します。

「盲ろうあ児施設」とは、「盲児施設」と「ろうあ児施設」を統合して呼んだもので、実際には、別々の施設として運営されてきました。盲児施設には弱視児も含まれ、ろうあ児施設には難聴児も含まれています。医療技術の発達などにより、視覚障害あるいは聴覚障害だけがある子どもは減少しており、別の障害が合併する障害の重度重複化が進んでいます。

「自閉症児施設」は、医療ケアの程度に応じて、第１種（医療型）と第２種（福祉型）に分かれていましたが、いずれも、自閉症の子どもの社会適応に向けたさまざまなサービスが行われていました。

福祉型障害児入所施設での実習のポイント②

どのように多職種連携が行われているか学ぼう

保育士・児童指導員・社会福祉士などの福祉専門職だけでなく、医師・看護師・理学療法士（PT）などの医療専門職も加わります。チームの一員として、保育士がどのような役割を担っているか観察してみましょう。

日常生活の中に障害特性への配慮がどのように組み込まれているか学ぼう

視覚障害では点字や歩行、聴覚障害がある場合は手話などの機能訓練プログラムが、食事・着替えなどの日常生活の中でも行われています。自閉症の場合は、活動の流れや空間の用途をわかりやすく示す「構造化」の技法を用いた室内環境設定がよく行われます。

知っておきたい　**施設実習 基礎知識 ⑪**

子どもや利用者に対してわかりやすく伝える工夫について

施設では、自閉症をもつ人に限らず、「複雑なコミュニケーションが苦手」「場の空気を読むのが苦手」という子どもや利用者に出会うことが多いでしょう。理解できなくても「わかったふり」をしていることもあります。相手にとって理解しやすい伝え方の工夫をしましょう。

まず、伝えたいことは、可能な限り具体的に提示しましょう。とくに叱ったり、注意したりするときは、否定的な表現ではなく、肯定形の短い文で次にしてほしい行動を示すと、こちらの意図が通じやすくなります。「静かにしなきゃダメ！」ではなく、「お口を閉じて、先生のお顔を見ましょう」と言い換えると、素直に聞き入れてくれるようです。また、言葉で話すと伝わりにくい内容（たとえば、行事のタイム・スケジュール）のときも、補助手段としてイラストや写真を添えながら説明すると伝わりやすくなります。

実習先によっては、特定の療育技法を組織全体で取り入れ、共有していることもあります。実習期間だけで、技法そのものを習得することはできませんが、むしろ、それぞれの技法の背景にある考え方を理解し、子どもや利用者とかかわる際に柔軟に応用していくことが大事です。

ある福祉型障害児入所施設の一日の流れ②

時間	流れ	実習生の動き
7:00	起床・排泄 洗面・着替え 朝食・投薬 歯磨き・排泄	・子どもの状態や意欲に合わせて、排泄・着脱・食事の介助を行う。 ・布団の上げ下ろしや配膳の手伝いを行う。 ・間違いなく投薬を行うための職員の動きを観察する。 ・健康チェックをして、登園・登校が可能かどうか判断する様子を観察する。
8:00	送り出し	・学齢児の学校への送り出しを行う。 ・幼児の幼稚園への送り出しを行う。
9:00	スタッフ・ミーティング 事務 残った子どもへの対応 （休憩）	・ミーティングや記録を行う。 ・他職種・家庭・他機関と連絡する様子を観察する。 ・園内の清掃を行う。 ・学校や幼稚園を病気で欠席した子どもの看護や通院を手伝う。 ・未就学児がいる場合は、園内で活動が行われることもある。 ※断続勤務で休憩時間が長い園は、在園する子どもが少ない時間帯は、外出したり、職員宿舎や自宅に帰ってもよいところもある。
14:30	出迎え 着替え・排泄 おやつ 翌日の登校（園）準備	・学校や園への迎えが必要な場合は、対応する様子を観察する。 ・子どもの状態や意欲に合わせて、排泄・着脱の介助を行う。 ・おやつの配膳や介助の手伝いをする。 ・学校や幼稚園からの連絡事項を把握し、翌日の準備する様子を観察する。
15:30	訓練 余暇活動	・訓練プログラムが行われる場合には、つき添いながら、観察を行う。 ・余暇活動は、好きな遊びを通して、子どもとかかわる（下記「実習例」参照）。
16:30	排泄・入浴	・一人で入浴できる子どもに、洗い残したところがないか言葉をかけたり、チェックしたりする。
18:00	夕食・投薬 歯磨き	・配膳や食事介助の手伝いを行う。 ・視覚障害の子どもには、食事前にメニューや皿の位置を伝える。
19:00	余暇活動 排泄・着替え	・自由遊びの場合は、好きな遊びを通して、子どもとかかわる。 ・介助するときは、障害の特性を考慮しながら、子どものペースに合わせてかかわる。
20:00	幼児就寝 学齢児就寝	・必要に応じて、枕元につき添ったり、添い寝を行う。 ・就寝時間でない子どもが静かに過ごせるよう配慮する。

実習例　散歩のつき添い

余暇活動として、公園に散歩に出かけることになり、全盲のN美さん（12歳）にマンツーマンでつき添いました。N美さんは公園までの道順を正確に覚えており、さらに、歩きながら周囲の情報をキャッチしているので、驚きました。とくに、交差点や曲がり角では、耳をすまして、道路に車両がいるかどうかを確認し、まわりの状況を把握しようとしているのが、伝わってきました。あとで、施設の保育士にこのことを報告すると、交差点などでは、いったん立ち止まって、次にどうしたいのか、N美さんに聞いてみると、一人でも歩けるようになるための訓練にもなると教えてもらいました。ただ、目的地まで連れていくだけでなく、本人の力が最大限発揮できるよう支援することが大事なのだとわかりました。

医療型障害児入所施設

（旧）重症心身障害児施設 等

制度上は児童福祉施設ですが、成人も在籍しています。福祉型障害児入所施設と異なる点は、施設への入所が困難であった**重度重複障害がある子ども**を対象として創設された制度であったことと、18歳での退所が困難であることが前提であるために年齢制限が設けられなかったことです。現在、いくつもの障害が重なる重度重複化と高年齢化が進んでいます。

医療型障害児入所施設における保育士の主な業務は、重い障害のある**子どもや利用者の日常生活の介護**を看護師と協力して行いつつ、保育技術を活用して、**情緒の安定を図ったり、子どもにふさわしい生活を維持**したりします。

医療的視点を組み込んだ支援とは？

常時、医療的ケアが必要で、呼吸や体温をモニターする機器を装着していたり、水分補給や栄養補給のための点滴を受けたりしている子どももいます。感染に弱い子どもが多く、感染症にかかると重篤な状態に至りやすい子どもが多いので、援助者の側には高い衛生意識をもつことが求められます。また、手にとったものをなめたり、口に入れたりする子どもも多いので、窒息や誤飲の事故が起こらないよう、室内環境を整え、物品の配置の仕方に気をつけています。

言葉を使いこなせない子どもや利用者の「声」を聴き取るにはどうしたら？

相手に伝わる形での自己主張がむずかしい子どもや利用者が多いため、職員の都合に合わせた受動的な生活に陥りやすい危険性もあります。表情や感情を注意深く観察し、共感的に理解することで、「声」を聴き取ることができるようになるでしょう。

「年齢や発達に応じた質の高い生活」のための環境構成とはどのようなこと？

生命の維持を目的とする医療的対応が優先されがちな状況の中でも、どのような工夫がなされているか調べてみましょう。プレイルームにどのような玩具が用意されているか調べたり、壁面装飾などを観察したりすると、いろいろなことがわかるでしょう。

知って おきたい　施設実習 基礎知識 ⑫

「レスパイト・サービス」について

介護を要する障害児（者）を一時的に預かって、家族の負担を軽くするための援助サービスを指します。医療でも福祉でも、施設入所サービスから在宅サービスへと方向転換が図られています。施設での集団生活に比べ、自宅で家族とともに自分のペースで過ごせたほうが望ましいのですが、デメリットもあります。障害児（者）にとって質の高い生活を送るために必要なサービスを、通所サービスや訪問サービスだけでカバーすることはむずかしいため、同居する家族（多くの場合、母親）が肩代わりせざるをえないことが多く、重い負担となった結果、過労で倒れてしまうことが多いのです。

そこで入所施設や通所施設では、家庭支援の一環として、数時間単位から週単位に及ぶレスパイト・サービスを提供しています。家族にとっては休息となるだけでなく、利用者自身にとっても、人間関係を広げたり、社会経験を積む機会が得られるというメリットがあります。人気のあるサービスで、待機している家庭が多く、サービスの量の拡充が望まれています。

ある医療型障害児入所施設の一日の流れ

時間	流れ	実習生の動き
7:00	起床・排泄 洗面・着替え 朝食 or 経管栄養 投薬・医療処置 歯磨き・排泄	・健康状態や意欲に合わせて、排泄・着脱・食事の介助を行う。 ・布団の片づけや配膳を手伝う。 ・経管栄養・投薬・医療処置などを行う職員の動きを観察する。 ・健康チェックして、活動参加が可能かどうか判断する様子を観察する。検温など手伝う。
9:00	訪問指導 or 訓練 or 作業 or 通院 （休憩）	・部屋や建物の間の移動を手伝う。 ・スクールバスを利用する場合は、荷物の移動を手伝い、見送りをする。 ・体調などの引き継ぎが行われる様子を観察する。 ・施設内でプログラムが行われる場合は、必要に応じて子どもにつき添い介助する。
12:00	昼食 or 経管栄養 投薬・医療処置 歯磨き・排泄	・口に入れやすい大きさに切ったり、とろみをつけたりするなど、食べやすくするためのさまざまな配慮を観察する。 ・経管栄養の処置が行われる場合は観察する。 ・配膳や片づけの手伝いを行う。
13:30	訪問指導 or 訓練 or 作業 or 通院	・スクールバスで帰ってきたときは、迎えに出て、荷物の受け取りを手伝う。 ・部屋や建物の間の移動を手伝う。 ・子どもにつき添い、必要に応じて、介助する。
15:00	水分補給 入浴 or 清拭（せいしき）	・脱水状態を防ぐため、季節にかかわらず、確実に摂取するよう促す。 ・入浴介助の手伝いを行う。場合によっては、シャワーや清拭（タオルなどで体を拭き清潔にすること）のみ行う。
16:00	余暇活動	・余暇活動の場合は、好きな遊びを通して、子どもとかかわる（下記「実習例」参照）。 ・体調が悪かったり、疲れが見えるときには、休息できるようにする。
18:00	夕食 or 経管栄養 投薬・医療処置 歯磨き・排泄	・健康状態や意欲に合わせて、食事の介助を行う様子を観察したり、手伝ったりする。 ・配膳や食事介助の手伝いを行う。 ・ブラッシングやマッサージなどの口腔ケアが行われる様子を観察する。
19:00	余暇活動 排泄・着替え	・余暇活動の場合は、好きな活動を通して、子どもとかかわる。
20:00	投薬・医療処置 就寝	・健康状態の悪い人は、注意深く見守る。検温など手伝う。 ・寝具や着衣の乱れを直す。 ・おむつの人は、必要に応じて交換する。 ・寝返りが自力でできない場合、体位交換をする。

実習例　音楽鑑賞の余暇活動

自力では手足を動かしたり、会話したりすることがむずかしい、とても重い障害があるK也さん（15歳）と、放課後の余暇活動として、マンツーマンで、音楽鑑賞をしました。普段からさまざまな医療機器を装着していて、ベッドから出ることがむずかしいため、ベッドサイドにオーディオを設置して、CDをかけ、そばについた私も一緒にうたったり、リズムに合わせて鈴を振ったりしました。

入所前の症状が軽かったころに、家族でディズニーランドに行ったことがあったと聞いていたので、ディズニーの曲をかけてみると、パッと表情が明るくなり、曲に合わせるように「ア、アー」と声をあげました。そこで、リズムに合わせて、K也さんの肩に軽くふれたり、さすったりしてみると、私と目を合わせてニッコリ笑ってくれました。それまで、私は、重い障害のあるK也さんが自己主張するのは無理だと思い込んでいましたが、それは誤解であったと反省しました。

児童発達支援センター①

（旧）知的障害児通園施設 等

児童発達支援センターでは、障害のある子どもが通所し、**障害特性に合わせた生活指導や訓練プログラム**が提供されています。将来、子どもができる限り社会に適応できることを目指した支援が行われています。多くの場合、自分が住む地域の幼稚園・保育所・認定こども園・学校で、集団生活を送れるようになることを目標としています。多様なニーズをもつ子どもや利用者が通っており、**医療・福祉・教育のさまざまな機関と組み合わせて利用**しているケースがほとんどです。実習先では、それぞれの子どもとその家族にはどのようなニーズがあり、それに対して、施設側がどのように応えていこうとしているのか、という観点で観察してみると学ぶところが多いでしょう。下記および p.80 の実習ポイント②を参考にしましょう。

どのようなクラスやプログラムがあるかを理解しよう

・毎日通園する場合もあれば、普段は地域の幼稚園や保育所、認定こども園に通いながら週１～２回だけ参加する場合もあり、訓練プログラムやアフターケアのクラスのみ参加するなどさまざまな集団編成があります（本書 p.63 参照）。

どのようにして地域との連携がなされているかを学ぼう

・児童発達支援センターの職員は、子どもや利用者が通う地域の幼稚園や保育所、認定こども園の職員に対し、障害特性に応じた援助を適切に行うための相談に応じています。卒園した子どもや家族に対しても、進路相談など、随時、アフターケアを行っています。

どのように保護者や家庭への支援がなされているかを学ぼう

・障害のある子どもをもつ家庭には、養育がとても困難であるために、保護者が疲弊しやすいという厳しい現実があります。一見、冷静でわが子の障害を受容しているように見える保護者であっても、悲しみ・苦しみ・不安などを抱え込みがちです。子どもへの愛情の有無に関係なく、虐待のリスクが高いことを認識しておきましょう。
・家庭内のさまざまな悩みに関する相談やカウンセリングが行われています。また、保護者会も組織され、仲間づくりや情報交換が活発に行われています。

知っておきたい　施設実習 基礎知識 ⑬

施設における家庭支援について深く学ぶ方法

近年、通所・入所などの種別にかかわらず、どの施設でも家庭支援を重視するようになりました。ただし、実習では、家庭支援について学習する機会は限られているのが現状です。実習生自身も学習する機会をつくり出すよう努力しましょう（本書 p.79 参照）。

たとえば、施設側の了解がとれれば、個別支援計画・個別指導計画・連絡帳・ケース記録など閲覧させてもらえます。場合によっては、実際に保護者と相談しているところを観察させてもらえたりするかもしれません。また、職員から直接、エピソードを聞くことができれば、学校の授業や書籍だけでは得られない「現場の知恵」を学ぶことができるでしょう。また、子どもや利用者の家族と会話をするチャンスもあるかもしれません。施設における家庭支援は、幼稚園や保育所、認定こども園に比べ、格段に利用者や家族のプライバシーにふれることが多くなることを深く認識した上で、上手に機会をとらえて学習してください。

ある児童発達支援センターの一日の流れ①

<単独参加のクラスの場合>

時間	流れ	実習生の動き
8:00	送迎準備 活動準備	・出勤簿に押印し、身支度をする。 ・一日の流れを、実習担当の職員と確認する。 ・バス通園の送迎準備を行う。 ・園内や園庭の清掃をし、その日の活動の準備を手伝う。
9:00	スタッフ・ミーティング	・他職種が加わる場合は、プログラムの活動目的や役割分担をていねいに確認する。
9:30	登園 自由遊び 排泄	・自主登園の親子は、順次、受け入れをする。 ・バス通園の出迎えを行う。 ・保護者からの連絡事項の申し送りや、連絡帳のチェックをする様子を観察する。 ・子どもの様子を観察し、健康状態や精神状態を把握する。 ・子どもとスキンシップをしたり、一緒に遊ぶ中で、朝の会や主な活動に向けて、子どもの精神状態を整えていく様子を観察する。 ・おむつ交換やトイレットトレーニングの子どもの対応を手伝う。
10:00	朝の会 主な活動	・集団活動の中での子どもの動きを観察する。 ・一人ひとりの子どもにどのような配慮がなされているか観察する。 ・保育士同士の連携だけでなく、他職種との連携も観察する
11:30	排泄・手洗い 着替え 昼食 投薬・歯磨き	・子どもの状態や意欲に合わせて、排泄や着脱の介助を行う。 ・主な活動の片づけや昼食の配膳・下膳の手伝いをする。 ・給食の盛りつけ方や介助の仕方に、どのような配慮がされているか観察する。 ・経管栄養など医療的対応の必要な子どもへの対応を観察する。
13:00	自由遊び	・好きな遊びを媒介にしながら、子どもとかかわる。 ・保育士と保護者が子どもを見守りながらやりとりする様子を観察する。 ・単独登園の場合は、連絡帳や配布物で保護者支援を行う様子を観察する。
13:30	帰りの会 あいさつ	・子どもとともに一日の活動を振り返る。 ・次の登園に向け、子どもが見通しと期待がもてるよう配慮する。
14:00	降園 休憩 スタッフ・ミーティング	・自主通園およびバス通園の送り出しを行う（下記「実習例」参照）。 ・休憩時間中に実習指導をする場合もあるので、席を外すときは了解をとる。 ・必要に応じて他職種をまじえ、一日の活動の反省を行う。
16:00	記録 翌日の教材準備	・業務日誌や児童記録がどのような観点で記載されるのかを観察する。 ・教材準備を手伝いながら、今後行われるプログラムの説明を聞いておく。 ・実習担当の職員だけでなく、連携した他職種に対しても、簡単にお礼を述べ、あいさつをすませてから退勤する。

実習例　見送りでの保護者との会話

プログラム終了後、バスで通園しているＹ子ちゃんとお母さんの見送りをしました。バスが到着するまで時間があったので、思い切ってお母さんに、プログラムの間、どう過ごしていたのかと質問してみました。すると、いつものように、ほかのお母さんと近所のカフェでおしゃべりして過ごし、これが情報収集だけでなくストレス解消にも役立っていることを話してもらえました。レスパイト・サービス（本書 p.76 参照）の重要性もあらためて気づかされました。

児童発達支援センター②

（旧）肢体不自由通園施設 等

児童発達支援センターでは、前頁で説明した福祉サービスのほかに、**病院として提供する医療サービス**もあわせもっています。医療専門職も配置され、医師による診察のほか、看護師等による医療的ケアや、理学療法士（PT）・作業療法士（OT）・言語聴覚士などによる訓練も行われています。p.78 の実習のポイント①に加え、以下のポイントも学習しておきましょう。

さまざまな疾病を抱えていることにより、体力がなく、生命の保持のため、痰の吸引や点滴による水分補給などの医療的ケアが日常的に必要な場合も多く見られます。そのため、子どもの時期に必要な体験を満喫できないこともありますが、施設では「生活の質」や「遊び」があとまわしにならないように、さまざまな努力がなされています。季節の行事を積極的に取り入れることで、**制限の多い生活にもうるおいをもたらすよう、さまざまな配慮**がなされています。

重度重複障害の子どもにかかわるための工夫について学ぼう

たとえば、聴覚障害がある子どもの場合、手話や筆談などの視覚的手段で補いますが、さらに視覚障害もある場合、手話や筆談で援助することはできなくなります。このように、重複障害ではそれぞれの障害が重複することで、援助方法の選択肢が大幅に減少するというむずかしさがあります。

医療専門職との連携はどのように行われているかを学ぼう

最終的な援助の目標は同じでも、それぞれの専門職特有の価値観や方法があるため具体的な援助の手順や優先順位が異なることがあります。子どもや利用者に対する共通認識をもつためにどのような工夫がなされているか学びましょう（本書 p.27、33、35 参照）。

知っておきたい　施設実習 基礎知識 ⑭

「ヒヤリ・ハット」への対応

「介助に失敗して利用者を転倒させてしまった」「急な発作に対応しきれずけがをさせてしまった」といった事故を心配して、過度に不安に思うあまり、施設実習に前向きに取り組めないという話をよく聞きます。

事故にまで至らなくても、このような職員側が「ヒヤリとした」「ハッとした」出来事を「ヒヤリ・ハット」と呼びます。誤った対応の結果、起きてしまった事故の背景には、数多くの「ヒヤリ・ハット」が潜んでいます。多くの現場では事故防止対策として、「ヒヤリ・ハット」が起きた場合は、記録し、職員間で共有されます。マニュアルとして文書化されていることも多いので、施設の許可が得られるのであれば、これを事前に読んでおくとよいでしょう。ただし、どんなに事前対策を行っても、事故の発生を“ゼロ”に押さえることはできません。職員への報告・連絡・相談「ほう・れん・そう」を心がけましょう（本書 p.116 参照）。

どうしても不安な気持ちが拭えない場合は、職員の目の届く範囲内で行動すれば、何かあったとしても大きな事故にならないようフォローしてもらえるはずです。また、その場を一人で任される場合は、実習生だけでは対応しきれない事態となったときに、どうすれば助け舟を出してもらえるのか、事前に確認しておくと、心強いでしょう。

ある児童発達支援センターの一日の流れ②

時間	流れ	実習生の動き
8:00	送迎準備 活動準備	・出勤簿に押印し、身支度をする。 ・一日の流れを、実習担当の職員と確認する。 ・バス通園の送迎準備を手伝う。 ・園内や園庭の清掃をし、その日の活動準備を手伝う。
9:00	スタッフ・ミーティング	・他職種が加わる場合は、とくにプログラムの活動目的や役割分担をていねいに確認する。
9:30	登園 申し送り 検温・視診 自由遊び 排泄	・自主登園の親子の受け入れや、バス通園の出迎えを行う。 ・保護者からの連絡事項の申し送りや、連絡帳のチェックをする様子を観察する。 ・看護師とともに子どもの身体を観察し、体調把握を行う。 ・個別にかかわりながら、子どもの状態を観察する。 ・おむつ交換やトイレットトレーニングの子どもの対応を手伝う。
10:00	朝の会 主な活動	・集団活動の中での子どもの動きを観察する。 ・一人ひとりの子どもにどのような配慮がなされているか観察する。 ・保育士同士の連携だけでなく、他職種との連携も観察する
11:30	排泄・手洗い 着替え 昼食 投薬・歯磨き	・子どもの状態や意欲に合わせて、排泄や着脱の介助を行う。 ・主な活動の片づけや昼食の配膳・下膳の手伝いをする。 ・給食の盛りつけ方に、どのような配慮がされているか観察する。 ・誤嚥しないよう介助する様子を観察する。 ・経管栄養など医療的対応の必要な子どもへの対応を観察する。 ・歯磨きのむずかしい子どもへの対応がどのように行われるか観察する。
13:15	自由遊び 帰りの会 降園	・好きな遊びを媒介にしながら、子どもとかかわる。 ・保育士と保護者が子どもを見守りながらやりとりする様子を観察する。 ・単独登園の場合は、連絡帳や配布物で保護者支援を行う様子を観察する。 ・子どもとともに一日の活動を振り返る。 ・訓練や診察のない子どもの送り出しや、そのほかの子どもの移動の援助を行う。
14:30	（訓練・診察、のち降園） 休憩 スタッフ・ミーティング	・可能であれば、個別プログラムを見学し、保育士以外の職種によるかかわりがどのようになされているか観察する。 ・休憩時間中に実習指導をする場合もあるので、席を外すときは了解をとる。 ・必要に応じて他職種をまじえ、一日の活動の反省や今後の方針について話し合う（下記「実習例」参照）。
16:00	記録 翌日の教材準備	・業務日誌や児童記録がどのような観点で記載されるのか観察する。 ・教材準備を手伝いながら、翌日の活動の説明を聞いておく。 ・実習担当の職員だけでなく、連携した他職種に対しても、簡単にお礼を述べ、あいさつをすませてから退勤する。

実習例　多職種連携ミーティングへの参加

スタッフ・ミーティングに参加しました。看護師や作業療法士などさまざまな職種の人が、手や足に麻痺のあるＨ子ちゃん（４歳）が、楽しみながら歩行訓練に取り組むためにはどうすればよいか、話し合っていました。私は医学的な専門用語はわからないので、どのように会議に参加すればよいのか不安でした。でも、保育士は、Ｈ子ちゃんが好きな「しっぽとり」などをあげ、これらを活用しながら、プログラムへの参加を誘っていくことを提案していました。それぞれの専門性を生かしながら連携するとは、こういうことなのかと実感しました。

障害者支援施設

（旧）入所型知的障害者更生施設 等

近年、障害があっても、住み慣れた地域で在宅生活を送ることが推進されています。このような社会情勢の中で、障害者支援施設に入所している人は、障害が重度かつ重複していたり、高齢であったりすることがほとんどです。このため、障害者支援施設は**「家」として、日々の生活を楽しみながら過ごすこと**が重視されています。これと同時に、**医療との密接な連携**がなされていたり、成人にふさわしい質の高い生活を送るための**就労支援**も行われていたりします。

将来、幼稚園や保育所、認定こども園への就職を希望していて、障害者のいる施設に実習することになった実習生のみなさんの中には、まさか、実習で障害があって、しかも年上である人たちとかかわることになるとは、予想していなかった人も多いのではないでしょうか。実習が目前に迫ってきても、やはり前向きになれない人もいるかもしれません。このような人にとって、障害者支援施設での実習には、次のような意義があります。

成人の利用者とかかわったり、生育歴を聞いたりすることで、重い障害のある子どもが、将来、成人したときの姿を具体的に想像できるようになることがあげられます。障害がある子どもたちの将来の見通しをもつことで、実習生自身がもつ障害へのネガティブな感情を見直すきっかけになるのではないでしょうか。世間では、今でも、仕事や家事・育児を十分に担えない人に対し、価値が低いものと見なされる傾向がありますが、そのような社会通念のおかしさに気づくきっかけにもなることでしょう。

障害者支援施設での実習のポイント

「生活の質」の向上のための工夫について学ぼう

一人ひとりの好みを尊重しながら、季節や行事を楽しんだり、趣味を満喫したりするための余暇活動やレクリエーションが用意されています。

プライバシーの確保のための環境設定について学ぼう

集団生活の中であっても、他人に気兼ねすることなく、のんびりとくつろげるプライベートな時間や空間を確保するためにさまざまな努力がなされています。

施設実習 基礎知識 15

障害がある大人への対応について

知的障害やコミュニケーション上の障害がある大人とのやりとりでは、実際の年齢より相手を幼く感じることもあるかもしれません。しかし、ていねいにかかわっていくうちに、年齢を重ねている分、人間として成熟している面が感じ取れるはずです。表面的なものにまどわされず、それまでの人生の積み重ねに応じた尊厳を利用者から感じ取り、これを尊重するよう心がけながら、かかわっていきましょう。

比較的軽い知的障害がある利用者の場合、音楽やテレビ番組、漫画など、実習生と同じ趣味をもっていることがあります。また、幼児期に好きだった遊びなど、共通の話題を見つけられるかもしれません。職員からも情報をもらいながら、自分との「共通点」を探してみましょう。

ある障害者支援施設の職員のシフト勤務の流れ

時間	流れ	職員の動き			
		早番	日勤	遅番	夜勤
6:30	起床・洗面・排泄				・起床・排泄・更衣
7:00		・出勤・引き継ぎ			・寝具片づけ
7:30		・朝食準備			・洗面介助
8:00	朝食	・朝食介助			・朝食準備
8:30		・食堂片づけ			・朝食介助
9:00	歯磨き		・出勤・引き継ぎ		・記録・退勤
9:30	排泄	・排泄介助	・通院つき添い		
10:00	通院	・通院つき添い	・排泄介助		
10:30	運動訓練	・運動訓練	・入浴介助		
11:00	入浴（一部）	・入浴介助	・居室清掃		
11:30		・記録	・記録	・出勤・引き継ぎ	
12:00	昼食	・休憩	・休憩	・昼食介助	
12:30					
13:00	歯磨き・排泄	・歯磨き・排泄介助	・排泄介助	・休憩	
13:30	サークル活動	・サークル活動補助	・運動訓練		
14:00	外出（買い物・散歩）	・外出つき添い	・通院つき添い	・排泄介助	
14:30	運動訓練・通院	・通院つき添い		・個別対応	
15:00	入浴	・入浴介助	・入浴介助	・入浴介助	
15:30	自由時間	・個別対応	・個別対応	・通院つき添い	
16:00		・記録・退勤	・外出つき添い	・排泄介助	
16:30	排泄		・排泄介助		
17:00			・夕食準備	・夕食準備	
17:30	夕食		・記録・退勤	・夕食介助	
18:00				・食堂片づけ	
18:30	歯磨き・洗面			・歯磨き・洗面介助	
19:00				・排泄介助	
19:30	排泄			・更衣介助	
20:00				・記録・退勤	・出勤・引き継ぎ
20:30					・排泄介助
21:00	就寝準備				・更衣介助
21:30	自由時間				・就寝介助
22:00	排泄				・個別対応
22:30					
23:00	消灯				・記録
23:30					
0:00	排泄				
0:30	体位交換				・見まわり・寝具調節
1:00					・排泄（夜尿起こし、
1:30	見まわり・寝具調節				おむつ交換）
2:00					・体位交換、
2:30					※合間をみて交替
3:00	排泄				で2時間程度の仮
3:30	体位交換				眠をとる。
4:00					
4:30	見まわり・寝具調節				
5:00					
5:30					
6:00	排泄				

具体的なサービス内容は事業所によって異なりますが、作業や就労を通して、障害がある人々の豊かな暮らしに貢献することが目的となっています。近年、障害者福祉では就労支援が重視されています。保育士養成校のみなさんにとっては、縁遠く感じられるかもしれませんので、まず「働くことへの支援」の意義について確認しておきましょう。

世間では今でも「障害があるのに、働かせるのはかわいそうだ」「それほど儲かるわけでもないのに、わざわざ働く意味はあるのか」といった偏見も残っています。しかし、通所施設における作業とは、お金をかせぐことだけが目的ではありません。障害の有無に関係なく、**一人の社会人として豊かな「人生」「生活」を送るための「社会参加」**として、作業や就労が位置づけられています。職員によるさまざまな配慮や環境設定は、このような観点からなされていることをしっかり押さえておきましょう。

常識的な意味での「働くこと」にとらわれず、職員がどのように配慮しながら障害がある人々とのかかわりや環境整備を行っているかという視点で観察してみると、学ぶところが多いでしょう。

作業を支援する際に、職員がどのような配慮をしているか学ぼう

常識的な意味での「労働」や「成果」にとらわれず、職員がどのような配慮をしたことで、より充実した活動となったのか観察してみよう。

作業が行われる場で、どのような環境設定がなされているか学ぼう

利用者が集中して作業に取り組めるようにするために、それぞれの障害特性や作業内容に合わせて作業の方法を改良したり、室内環境を整えたりするなど、さまざまな工夫がなされています。これらの工夫は、保育現場で障害のある子どもに個別配慮する際にも共通する点が多いのでしっかり学びましょう。

知っておきたい 施設実習 基礎知識 ⑯

子どもや利用者の個人情報とプライバシーについて

個人情報保護法の制定など、年々、施設における子どもや利用者のプライバシーに対する意識は高くなっています。このため、実習生が子どもや利用者に関する情報を知る機会は制限される傾向があります。とはいえ、子どもや利用者に関する情報が少ないと、子どもや利用者とのかかわりについて考察を深めることがむずかしくなります。たとえば、実習生が子どもや利用者から「試し行動」や「注意獲得行動」を受けた場合、子どもや利用者の生育歴などがわからないと、「信頼関係が形成されていないため」といった抽象的で型にはまった記述におわってしまいがちです（本書 p.22 参照）。

子どもや利用者とのかかわりについて考察を深めるために情報収集したい場合、なぜ知りたいのか自分自身の考えを述べた上で、直接、職員にたずねてみるという方法もあります。どの程度まで教えてもらえるかはケースバイケースですが、おそらく今後のかかわりに役立つような情報をもらえることでしょう。施設の基本方針として、実習生に対しては必要最低限度の個人情報しか提供しないことが多いため、実習生側から積極的に質問していかない限り、有意義な情報は得られず、考察を深めていくことは困難です。知り得た個人情報やプライバシーを漏らしてしまうのは絶対にあってはならないことですが、子どもや利用者を的確に理解し対応するためには、自ら積極的に情報収集しようとする姿勢が大事です。

ある障害福祉サービス事業所の一日の流れ

時間	流れ	実習生の動き
8:00	清掃 活動準備	・出勤簿に押印し、身支度をする。 ・実習担当の職員だけでなく、スタッフ全員にあいさつする。 ・所内の清掃など、その日の活動準備の手伝いをする。
9:00	スタッフ・ミーティング	一日の流れと個別配慮事項について、スタッフと共有する。
9:30	利用者出勤 利用者ミーティング	・順次、受け入れをする。 ・送迎の家族から家庭での様子を聞いたり、単独通所の場合は、連絡帳で把握したりする様子を観察する。 ・利用者の様子を観察し、健康状態などを把握する様子を観察する。 ・ミーティングを通して、利用者自身が作業に向けて気持ちを整えていく様子を観察する。体力維持のために、ラジオ体操などが行われることもある。
10:00	作業	・一緒に作業を行い、作業内容や支援の方法を理解する（下記「実習例」参照）。 ・利用者の動きやスタッフによる介助の様子を観察する。
12:00	昼食 自由時間	・利用者の食欲や日常生活動作（ADL）の状態に合わせて、介助を行う。 ・利用者の状態に合わせて、やりとりを楽しむ。 ・利用者が休憩中に、スタッフが連絡帳の記入など行う様子を観察する。
13:00	作業 片づけ・清掃	・作業がスムーズに進まない場合、職員がどのように対応しているか観察する。
15:30	利用者ミーティング 利用者退勤	・明日の作業に向けて、意欲と期待がもてるように配慮している様子や、その日の振り返りが行われる様子を観察する。 ・送り出しを行う。
16:00	スタッフ・ミーティング 記録 翌日の作業準備	・一日の活動の反省を行う。 ・どのような観点から、情報の共有が図られたり、あるいは、記録がとられているか観察する。 ・作業しやすくするために環境整備する様子を観察する。 ・実習担当の職員やスタッフだけでなく、ボランティアの人など、その場にいる人、すべてにあいさつし、お礼を言ってから退勤する。

実習例　利用者が行う作業への参加

利用者の人たちと一緒に、作業をしました。午前と午後それぞれ、２時間連続で、贈答用のクッキーやマドレーヌを詰める箱を組み立てました。

目印がついた厚紙に、切込みを入れ、折り目をつけ、組み立てていく作業内容でした。一見、単純そうですが、非常に細かく指先を使う作業なので、気持ちを集中して取り組まないと、すぐに失敗してしまいます。私自身は１時間もたたないうちに、指先が痛くなって、気持ちを集中させることができなくなり、作業をやめたくなってしまいました。

しかし、利用者の人たちは、２時間もの間、作業のペースを落とすことなく、黙々と箱を組み立てていました。利用者の「仕事」に対する真剣さに圧倒されたのと同時に、自分自身のこれまでの学校生活を振り返ってみて、こんなに長い時間、何か一つのことに集中して取り組んだことがあっただろうかと、思わず反省してしまいました。

児童厚生施設（児童館）

児童厚生施設（児童館）はさまざまな年齢の人が利用する施設です。また、地域での子育て支援の場として、子育て相談も行っていますので、実習ではその様子も観察しましょう。

午前中は乳幼児のいる保護者が児童館で行われる「親子クラブ」（手遊びや体操などを行う）などに参加したり、親子の交流の場として児童館を利用したりしています。実習生もプログラムに参加し、親子の様子を観察し、どのようなプログラムが組まれているのか、プログラムの意味などを学びましょう。

午後は、主に小学生が放課後の時間に児童館を利用しています。小学生の子どもたちに向けた「みんなでつくって遊ぼう」（工作や製作をして遊ぶ）や「ドッジボール大会」（学年ごとにチームをつくり行う）などの活動が工夫されて組まれていますので、その内容にも着目してみましょう。子どもたちと一緒に参加して遊ぶことを通してその楽しさを知り、かかわっていくことができます。職員は子どもたちを見守り、遊びを提供しています。実習生もその点を意識して観察してみましょう。児童館では、小学生以外にも中学生の利用も多くあります。子どもたちの居場所を提供する役割を児童館はもっているので、**居場所づくりとして職員が「どのように環境整備に配慮して、どのような言葉かけを子どもたちにしているのか」なども見てみるとよい**でしょう。

児童館では部分実習を行うことがあります。午前中の乳幼児向けのプログラムで行うことができるような親子のふれあい遊びなどを用意しておくとよいでしょう。ほかにも午後の小学生の子どもたちと一緒に遊ぶことができる活動も考えておきましょう。

児童厚生施設での実習のポイント

さまざまな年齢の子どもの発達について理解しておこう

児童館は幅広い年齢層の人が利用しています。さまざまな年齢の子どもや利用者とかかわりをもつためには、子どもの発達について理解をしておくことが重要になります。各年齢に合った援助を行うことが必要です。

人数や天候の変化に柔軟に対応しよう

日々の利用人数も異なりますので、天候や人数によっては安全面に十分に注意をする必要があります。遊びを見守りながら、危険を予測して動くことができるようにしましょう。

健全な遊びを提供できるように援助しよう

児童館は健全な遊びを提供することが機能として求められています。子どもたちが楽しんで遊びに集中できるように援助することがポイントとなってきます。児童館では子どもたちが健全に過ごせるように、また盗難や紛失などのトラブルが起きないよう、ゲーム機器、カードゲーム、現金などのもち込みなどについて、それぞれの児童館でルールを決めたりしています。もし、もち込んではいけないものをもってきた場合には、「なくしたら困るので、帰るときまで事務室で預かるね」と言葉をかけるなど、児童館のルールに従って対応しましょう。

ある児童厚生施設の一日の流れ

時間	流れ	実習生の動き
8:30	清掃 活動準備	・乳幼児の親子ふれあい遊びの準備を手伝う。 ・室内の清掃や環境整備などを行う。
9:00	朝礼	・今日の予定を職員から聞き、連絡事項、注意点を確認する。
9:45	開館	・来館する親子を迎え入れる。 ・子どもたちの様子を確認し見てまわりながら言葉をかけたりする。
10:30	親子のふれあい遊び	・親子のふれあい遊びの様子を観察する。 ・職員の道具出しや音楽を流すなどの手伝いをする。 ・遊びの様子を確認しながら子どもたちや保護者に言葉をかける。
11:30	片づけ	・親子のふれあい遊びの片づけを行う。 ・帰る親子の見送りをする。
12:00	昼食 休憩	・昼食をとり、休憩をする。 ・休憩中に午前中の日誌を記録する。
13:00	午後の準備	・午後の活動の準備を手伝う。 ・行事に向けた製作物をつくる。
15:00	小学生・中学生来館	・子どもたちを迎える。 ・子どもたちの様子を見守りながら確認してまわる。一緒に遊んだり、活動に参加したりする（下記「実習例」参照）。
16:45	言葉かけ 片づけ	・小学生の子どもたちに帰宅を促す言葉かけをする。 ・小学生の子どもたちと一緒に片づけを行う。 ・小学生に寄り道せずに帰宅するよう言葉をかけてまわる。
17:00	子どもの様子を確認する	・中学生の子どもたちの遊びの様子を見守りながら確認してまわる。 ・危険なことがあれば言葉かけを行う。 ・子どもたちの会話に参加し、話をする。
17:45	言葉かけ 片づけ	・中学生の子どもたちに帰宅を促す言葉かけをする。 ・中学生の子どもたちと一緒に片づけを行う。 ・戸締りの確認を行う。
18:00	閉館 清掃	・職員の閉館作業を手伝い、中学生の子どもたちを見送る。 ・館内の清掃を行う。

実習例　異年齢の子どもへの遊びへのかかわり

児童館では午後になると、多くの小学生が来館します。私は子どもの遊びの中に一緒に入って遊びを援助しなければということばかりに意識が向いていました。しかし、小学生の子どもたちは大人の介入がなくても、遊びをそれぞれで展開することができるので、どのように一緒に遊んでよいのか戸惑ってしまいました。また、年齢の低い子どもたちも一緒に遊びたいと伝えてくれるのですが、小学生の遊びの中にどのように参加を進めたらよいかわかりませんでした。その後の実習で、職員の子どもや利用者へのかかわり方を観察すると、ゲームなどの活動では、幅の広い年齢の子どもたちや保護者も楽しく参加できるよう、年齢によってハンデをつけたり、人数を変えたりしながらかかわる様子が多く見られました。また子どもたちだけで遊びを楽しんでいるときは、常に安全に気を配りながら見守っている様子もわかりました。ただ無理に遊びに入っていくばかりではなく、それぞれの子どもの発達に合わせた遊びへの援助や安全面への配慮が大切であることを学ぶことができました。

児童自立支援施設

児童自立支援施設に入所している子どもたちは、多くが中学生なので、職員が行う子どもへの援助は、「**生活指導**」、「**学習指導**」、「**職業（作業）指導**」が中心となります。

具体的には、規則正しい生活リズムの確立や、勉強するという習慣が身についていない子どもに、勉強に興味をもってもらうようにすること、作業などを通して働くことの大切さを感じてもらうことや、職業選択のための相談などの支援が行われています。このように、生活スケジュールの明確な規律ある生活を送る中で、職員が上から押しつけるのではなく、家庭的で子どもの自主性を尊重したかかわりにより、立ち直りや社会的自立に向けた支援を行っています。実習生は子どもたちと一緒に活動に参加するなど、一緒に生活し、ともに時間を過ごしたりすることが中心になってくるでしょう。

表は、ある児童自立支援施設の一日の流れの例です。夕食後は、余暇の時間として使われたり、日記をつけるという自分の気持ちを表現するような指導も行われたりしていますので、どのような点に配慮がなされているのかなどにも目を向けるとよいでしょう。

ある児童自立支援施設の一日の流れ

時間	流れと活動
6:30	起床、洗面、着替えを行う。
7:00	食堂で朝食をとり、部屋の清掃をする。
8:30	学校に登校する。
9:00	学校で授業を受ける。
12:00	昼食をとる。
13:00	学校で授業を受ける。
15:00	クラブ活動を行う（運動部・文化部）。
17:00	下校、寮に帰る。
18:00	食堂で夕食をとる。
19:00	入浴をする。
20:00	自習・日記・余暇時間など過ごす。
22:00	消灯する。

児童自立支援施設での実習のポイント

施設でのルールをしっかり守ろう

児童自立支援施設に入所してくる子どもは不良行為など以外に虐待を受けた経験があることや、基本的信頼関係が形成できていないこと、さらに発達障害や抑うつの症状があるなど、さまざまな困難を抱えています。実習生個人の感覚としては、厳しく感じられる場合でも施設で定められたルールには率先して従いましょう。

実習生として毅然とした態度をとることも重要

実習生に対して、攻撃的な態度をとったり、実習生が困るようなことを言ってくることがあるかもしれません。しかし、実習生として毅然とした態度をとることも、子どもたちにとって必要なことでもあります。どうしても、子どもとのかかわりで困ったことがあれば、かならず職員に相談をしましょう。

自分にできるかかわりを行っていこう

子どもとのかかわりがうまくできなくても、「場を共有する」「一緒に～する」を目指して、焦らずに自分ができるかかわりをしていきましょう。子どもは実習生が自分たちにどのように向き合おうとしているのかを見ていますから、子どもから認めてもらえるのを待つことも子どもたちとの関係づくりには必要な場合もあります。

児童心理治療施設

児童心理治療施設では、基本的に安定した生活環境を基盤として、**心理的な治療**を行っています。児童心理治療施設では規則正しい生活ができるようになることはもちろんですが、子ども同士のかかわりや集団生活を通して人間関係の形成ができるような生活支援が行われています。

児童心理治療施設に入所してくる子どもは、心理的な困難などを抱えている以外にも、虐待や発達障害などの問題を抱えている場合もあります。

仲間づくりや集団生活が苦手で、さまざまな場面で子どもらしく振る舞えない子どもが抱えている問題に対応するため、児童心理治療施設に勤務する保育士は、児童精神科等の医師や心理療法を担当する職員と密接に連携しながら、施設内での生活や遊び、行事を通じて主体性を取り戻すための援助を行います。

表は、ある児童心理治療施設の一日の流れの例です。どのような流れで一日を過ごすのか確認しておきましょう。

ある児童心理治療施設の一日の流れ

時間	流れと活動
6:30	起床、洗面、着替えを行う。
7:00	食堂に移動し、朝食をとる。
8:00	朝食後、朝の服用薬を飲む。
8:30	学校に登校する。
9:00	学校で授業を受ける。
12:00	昼食をとり、お昼休みを過ごす。
13:00	学校で授業を受ける。
15:00	下校し、心理療法プログラムに参加する。
17:00	各自で部屋の掃除を行う。
18:00	食堂に移動し、夕食をとる。
19:00	入浴後、夜の服用薬を飲む。
20:00	自習・余暇時間を過ごす。
21:00	消灯する。

児童心理治療施設での実習のポイント

あいさつなど実習生としてできる基本的なかかわりを行っていこう

児童心理治療施設では心の問題を抱えている子どもたちが入所しています。子どもの状況によっては実習生がかかわることがむずかしいような場面もあります。職員と同じようにかかわっていくことはできないので、実習生としてあいさつや日常生活上の言葉かけなど基本的なかかわりをまずは実践していきましょう。あいさつをはじめとした言葉かけを行っていくことで徐々に子どもとの距離が縮まることもあります。

子どもたちの抱える問題に巻き込まれないように気をつけよう

上の例とは異なり、施設には実習生と多くかかわりをもちたがる子どももいます。そのような場合に気をつけなければいけないことは、子どもの抱えている問題に巻き込まれてしまうことです。子どもとかかわる上で親しくなることはよいことですが、「実習生」であることを忘れずに子どもとの適した距離感でかかわることを心がけるようにしましょう。

職員同士の連携を学ぼう

児童心理治療施設ではさまざまな専門職（医療・福祉・教育など）が連携をとりながら子どもたちの支援にあたっています。また、心理療法も行われています。このような職員同士の連携にも目を向け、その重要性についても学んでいきましょう。そしてその中での保育士としての役割を学ぶことにも意識を向けてみましょう。

3 実習日誌とは

実習日誌はなぜ書くのだろう

実習日誌はなぜ書くのでしょうか。毎日、実習で疲れたあとに、その日の記録をまとめることはなかなか大変なことです。では、もし実習日誌を書かなかったらどうでしょうか。多くの実習生はほっとするかもしれません。しかし、実習日誌を書くという作業を思い浮かべてください。実習日誌を書くには、その日の実習体験を思い起こさなくてはなりません。そしてその実習体験の中で学んだことを整理して考えます。つまり、実習日誌を書くという作業は、**実習体験を振り返り、学びを整理する**という意味があるのです。

実習日誌には何を書くのだろう

実習日誌には、その日の実習体験と学びを整理して書きます。記録の形式は養成校によっても、実習先によってもさまざまですが、基本的には①時系列に沿った一日の生活の記録と②具体的な実習体験の記録とその感想・考察が書けるようなものになっています。

実習日誌例①（本書 p.92 ～ 93）は、児童養護施設の実習で初日に書いたものです。この日の実習のねらいの一つに、「児童養護施設の一日の生活の流れを理解する」とあります。そのため、時系列に沿った一日の生活の記録がたいへん詳細に記録されています。しかし、この実習生は実習期間を通してこのように一日の流れを詳細に記録しているのではありません。実習日誌例②（本書 p.94 ～ 95）は、児童発達支援センターでの実習４日目の実習日誌です。実習４日目になると、一日の生活の流れは理解が進んでいるので、時系列の一日の生活の記録は要点のみをまとめ、それよりも子どもとの具体的なかかわりの記録やその考察が増えています。さまざまな形式の実習日誌の参考となるよう本書では異なる形式の実習日誌例を掲載しています。

実習段階に応じて学びの内容も変化していきますので、実習日誌の書き方も実習段階によって工夫していくとよいでしょう。実習段階による学びのポイントは以下のとおりです。

POINT ① 実習初期（実習初日～３日目程度）

実習初期の段階では一日の生活の流れを早くつかむことが大事になります。一日の生活に積極的に参加し、職員の職務内容を理解しましょう。また、子どもや利用者と積極的にかかわり、名前や顔を覚えましょう。

POINT ② 実習中期（実習４日目～８日目程度）

実習中期には、保育士の職務に積極的に参加することや子どもや利用者とのかかわりを増やし一人ひとりの理解に努めることが大事になってきます。

POINT ③ 実習後期（実習９日目～12日目程度）

実習後期になると、これまでの実習体験を土台に、子どもや利用者一人ひとりの支援計画とその実際の理解を深めたり、具体的な養護技術や支援技術を修得すること、施設における社会的役割や保育士の職務について考察することが大事です。

実習日誌Ｑ＆Ａ

実習日誌の記入でよくある疑問です。参考にしましょう。

Q 子どもや利用者の名前を記入してもよいですか？

A プライバシー保護の理由から、子どもや利用者の実名を記入してはいけません。しかし、子どもや利用者一人ひとりの観察やかかわりの記録はとても大切です。Ａ児、Ｂ児やＡさん、Ｂさんなどと記録するとよいでしょう。具体的には実習先の指示に従います。

Q 鉛筆を使用して書いてもよいですか？

A 実習日誌は公の記録ですから、鉛筆や書いた文字を消すことのできるペンなどを使ってはいけません。黒のペンやボールペンを使用しましょう。

Q 間違えた記載をしてしまいました。どのように修正すればよいですか。

A 思いついたことから書きはじめるのではなく、書く内容はあらかじめ別紙に書き留めるなど整理してから書きはじめましょう。その上で、落ち着いてていねいに書くことで間違えることのないようにすることが大切です。それでも間違えてしまった場合には、①新しい用紙に書き直す、②間違えた箇所に二重線を引き訂正印を押してその横に書き直すなどが考えられます。許可が得られた場合は、修正液を使うこともできますが、できるだけ使用しないようにしましょう。いずれにしても実習先の指導を受けることが必要です。

Q 実習担当の職員に実習日誌を添削していただきました。指導のコメントをしていただいたので、修正・加筆をしたいのですがどのようにしたらよいですか？

A 添削していただいた内容をしっかりと読み、必要があれば修正、加筆をしましょう。そうすることで実習の学びがさらに深まります。修正や加筆の仕方は養成校や実習先の指導に従いますが、可能であれば、もとの記録内容を消してしまうと学びの過程がわからなくなってしまうので、そのままにしておき、その横に色ペンなどで修正、加筆するとよいでしょう。もしスペースがない場合には、別紙に記入し添付してもよいでしょう。

実習日誌例① ― 児童養護施設

POINT 毎日、実習のねらいを設定しましょう。

２月　８日（火） 天候（晴れ）	ユニット名　れんげ 児童数（男児　３　名　女児　４　名　計　７　名）	指導者氏名 ○○　○○　印
実習のねらい	・児童養護施設の一日の生活の流れを理解する。 ・子ども一人ひとりに働きかけ名前と顔を覚え様子を観察する。	

時間	子どもの生活	職員の動き	実習生の動きと気づき
6:30	○起床（小学生以上） ・各自、起床して、洗面、着替えを行う。 ・K児は機嫌が悪くなかなか起きることができなかった。	○あいさつと健康観察 ・子どもたち一人ひとりに笑顔であいさつをし、顔色を見たり、様子を見たりする。 ・K児の様子がいつもと違うことに気づき、体温を計るなど対応する。	・子どもたちに親しみをもってもらえるよう一人ひとりの名前を呼んであいさつする。 ＊毎日の子どもの観察により、子どもの体調の変化に気づけるのだと思った。
6:45	○朝食の支度の手伝い ・朝の身支度がすんだ子どもが朝食の手伝いをする。 ・H児はクラブ活動の朝練習があるため一人早く朝食をとる。	○朝食・弁当の支度 ・子ども一人ひとりの様子を見ながら朝食・弁当をつくる。 ・クラブ活動の朝練習で早く登校するH児のためにご飯をおにぎりにする。	・子どもと一緒に食器を出したり、朝食を盛りつける。 ・H児の食事の邪魔にならないよう、クラブ活動の話を聞く。
7:00	○朝食 ・職員や子ども同士の会話を楽しみながら食事をする。 ・大きい子どもが小さい子どもの面倒を見ながら食事をする。とくにF児はよく面倒をみていた。 ・J児は放課後、友達を施設に連れてきてもよいか職員にたずねる。 ○起床（N児：幼児） ・着替えをする。 ・職員と食事をする。 ○歯磨き・排泄 ・譲り合いながら、歯磨き、排泄をすませる。	・子どもの話に耳を傾け、コミュニケーションをとりながら食事をする。 ・今日の学校の予定を聞いたり、子どもの放課後の予定を確認したりする。 ・子ども一人ひとりの持ち物を確認する。 ・高校生には弁当をもたせる。 ・N児の食事を用意する。 ・N児と会話を楽しみながら食事を一緒にとる。 ・N児の歯磨きチェックと仕上げ磨きをする。	・子どもと一緒に食事をとる。 ・登校時間に間に合うよう食事が遅い子どもに言葉をかける。 ＊朝食の時間はただ食事をするだけでなく、子どもとコミュニケーションをとったり、一日の予定を確認したりするなど、大事な時間であることがわかった。 ・N児（幼児）を起こす。 ・N児の着替えを手伝う。 ・歯磨き、排泄の様子を見守る。 ・食後の片づけをする。
7:45	○登校 ・登校の時間に合わせて、順次登校する。	・子ども一人ひとりを笑顔で見送る。 ・K児の学校に欠席の連絡を入れる。	・子どもが気持ちよく登校できるよう外に出て笑顔で見送る。
8:30	○登園（幼稚園） ・N児は職員と手をつないで幼稚園に登園する。	・N児を連れて幼稚園に行く。	・N児を見送る。 ・リビングや子どもたちの部屋を掃除する。
9:00	○病院の診察（K児） ・K児は職員と一緒に病院に行き、診察を受ける。	・K児を連れて病院に行く。 ・K児の寝ているそばで、書類の整理など事務仕事をする。	＊子どもたちの部屋のものは触ったり動かしたりしないよう気をつけた。 ・子どもたちの洋服を洗濯する。 ＊家庭の洗濯とは異なり、量が多いので何度も洗濯する。
11:30			

休憩

POINT 職員が留意・配慮していることに着目しましょう。

POINT 一人ひとりの子どもの様子もよく見ましょう。

POINT 実習生の気づきを印（＊）をつけるなどしてわかりやすく書きましょう。

時間	子どもの生活	職員の動き	実習生の動きと気づき
14:00	○帰宅（N児） ・幼稚園から帰宅する。 ○自由に遊ぶ・おやつ ・幼稚園の話をしながらおやつを食べる。 ・ブロックで実習生と遊ぶ。	・N児を幼稚園に迎えに行く。 ・おやつの支度をする。 ・N児に幼稚園での出来事についてたずねたりして、N児の話を聞く。	・N児とブロックで遊ぶ。
15:00	○帰宅 ・学校からそれぞれ帰宅する。 ○宿題・学習 ・Y児は実習生と一緒に算数の宿題をする。 ・H児は塾に出かける。 ○自由時間・おやつ ・テレビを見たり、ゲームやピアノを弾いて遊ぶ。 ・J児は学校の友達を連れてきてゲームをして遊ぶ。	・子どもを笑顔で迎え、学校の話を聞くなどして子どもとコミュニケーションをとったり、様子を見たりする。 ・塾で遅くなるH児のためにサンドウィッチをもたせ見送る。 ・おやつの支度をする。J児の友達にもおやつを用意する。	・子ども一人ひとりに「おかえり」と声をかけ迎え入れる。 ・Y児が自分で取り組むことを大事にしながら一緒に宿題をする。 ・H児を見送る。 ・子どもと一緒にゲームやピアノを弾いたりして遊ぶ。 ・夕食の支度の手伝いをする。
17:00	○入浴 ・順番に入浴する。	・子どもの入浴の様子を見守りながら、夕食の支度をする。	・N児と一緒にお風呂に入り、N児の体や頭を洗う。 ※体を洗うだけでなく、N児とのコミュニケーションをとるように心がけた。

POINT どのような思いや意図をもって行動したのか、記述しましょう。

<実習の体験と学び>

今日は実習初日のため、施設での一日の生活の流れを理解することと、子どもたちと早く打ち解けられるよう積極的に働きかけ、子ども一人ひとりをよく観察することを目標に実習しました。

施設での生活は、これまで実習で見てきた幼稚園や保育所とは異なり、朝起きて、朝食をとり、学校へ行き、帰宅後は休息や宿題、入浴というように、私の家での生活と同じようでした。まだ夜間の様子は見ていませんが、就寝して朝を迎える24時間の生活が流れており、子どもたちにとっては施設が家であり、生活の拠点となる大事な場所であると思いました。施設の子どもの多くが親がいても、そこでは生活できない状況の中で、施設は家庭の代わりとして機能していることを実感しました。食事の支度や弁当づくり、掃除や洗濯、入浴の準備、宿題、学校に関すること、子どもの心身の健康管理など、職員の仕事はたくさんありましたが、子どもが日々、安心して生活するためには重要な仕事なのだと感じました。また、職員の子どもへのかかわりが温かく、本当の家族のようにさえ思えました。K児の体調の変化にもすぐ気づき、「こういうときは安心できるようにそばについていてあげたい」と一日中、K児の様子に気を配っていた職員の言葉かけやかかわりが印象的でした。

私自身の子どもとのかかわりでは、これまでの実習で経験のない高校生とのかかわりに不安がありましたが、H児は話しかけるとすぐに私を受け入れ、学校のクラブ活動の話をたくさんしてくれました。小学生のM児、S児、C児とは、ピアノを通してかかわりをもつことができました。施設の子どもたちは暗いのではないかという勝手なイメージをもっていましたが、明るく素直な姿がありました。しかし、職員のお話ではパニックを起こしてしまう子どもなど配慮を要する子どもがたくさんいるとお聞きしました。子どもたちのさまざまな姿や必要な支援についてこれから学んでいけたらと思います。今日はL児とはかかわりをもつことができませんでしたが、明日はかかわりがもてるようにしたいと思います。子どもとのかかわりを大切に、少しでも理解ができるようにしたいと思います。

POINT その日の実習のねらいに沿って書きまとめましょう。

POINT 心に残る実習体験を具体的に記述しましょう。

実習日誌例② ― 児童発達支援センター

POINT 具体的な実習目標を設定しましょう。

POINT ポイントを押さえ簡潔にまとめましょう。

POINT 特記すべきことがあれば具体的に記載しておきましょう。

9月6日（火） 天候（晴れ）	コアラ 組	出席：男児 10 名／女児 5 名／計 15 名 欠席：男児 2 名／女児 1 名／計 3 名

今日の目標　子ども一人ひとりに合ったかかわりを考え、コミュニケーションを図る。

時間	子どもの生活	実習生の動き
9:30	○登園・身支度・排泄 ・Mは、機嫌が悪く保育士が抱いていてもなかなか泣き止まないでいた。 ・Yは昨日は失敗したが、今日はトイレで上手に排泄ができ、手を叩いて喜んでいた。	・子ども一人ひとりに言葉をかけたり、手を握ったりして、笑顔で迎え入れる。 ・Yの排泄の援助をする。トイレでの排泄ができたことをYと一緒に喜ぶ。
9:50	○水分補給（麦茶） ・Kは、麦茶を差し出されてものどが渇いていないのか飲まなかった。	・麦茶を半分位注ぎ、子どもに手渡す。 ・麦茶を飲む様子を見守る。
10:00	○朝の会 ・名前を呼ばれて返事をする。 ・手遊び「さかながはねて」をみんなで楽しむ。 ・Sは、「○○にくっついた」のところで、保育士から自分の体に手を当ててもらうことを喜び、何回も要求していた。	・一人で返事がむずかしいGには、わかるように手を添えて一緒に返事をする。 ・子どもたちと一緒に手遊びを楽しむ。
10:15	○運動遊び（ホール） ・それぞれ好きな遊具で体を動かして遊ぶ。 エアートランポリン：Y、S、N、K、J 布ブランコ：H、G、I ボールプール：F、A、C、E、M、G 乗り物：K、J、L、Y、S	・エアートランポリンの遊びを担当し、危なくないように見守る。 ・興味はありそうだが怖がっていたJを抱いてエアートランポリンの揺れを一緒に楽しむ。
11:30	○排泄・手洗い・給食準備 ・Fは手を洗っていたら水遊びが楽しくなり、まわりを水浸しにしてしまった。	・テーブルの準備、給食の配膳を行う。 ・洋服をぬらしてしまったFの着替えを手伝う。
11:45	○給食 ・Mは、体調がよくないようで、食が進まず半分以上残していた。 ・Aが興奮して実習生の腕に噛みつく。	・楽しい雰囲気の中で食事ができるよう留意しながら、子どもたちと給食を食べる。 ・C、Eのペースや食べ方に留意しながら、必要なところを手助けする。 ・Aに食後にプリンがあることを見せて伝える。
12:30	○片づけ・歯磨き・口腔マッサージ ・保育士や実習生に手伝ってもらいながら歯磨きをする。 ・保育士に口腔マッサージをしてもらう。	・感覚過敏の子どもに留意しながら歯磨きを手伝う。 ・保育士の行う口腔マッサージの観察をする。
14:00	○自由遊び・個別活動 ・ボールやぬいぐるみ、絵カードなど好きな遊具で遊ぶ。 ・Hは、個別に指先訓練を行う。 ・S、Y、Lは、音楽療法に参加する。	・音楽療法に参加する。 ・Lが音楽療法への参加をいやがったので、安心できるよう膝の上に乗せて一緒に参加した。
14:15	○片づけ・排泄・手洗い ・Sが積極的に遊具の片づけをしていた。 ○水分補給	・子どもと一緒に遊具の片づけを行う。 ・排泄、手洗いを手伝う。
14:30	○帰りの会 ・保育士と握手をして「さよなら」をする。 ○降園	・麦茶を用意し、子どもに配る。 ・子ども一人ひとりに言葉をかけ、見送る。

POINT 見出しなどをつけて、内容ごとにわかりやすく記述しましょう。

今日の学びと考察

〈言葉によるコミュニケーション〉

知的障害のある子どもたちは言葉によるコミュニケーションがむずかしいことを大学で学んできました。しかし、まわりの子どもと同じように言葉を発したり、理解することができなくても、その子なりの言葉を発したり、理解していることもあることが少しずつわかってきました。

たとえば、言葉をほとんど発しないように思っていたFですが、よく見ると声は発しています。今日は給食前の手洗いのとき、Fが「あー、あー」と声を出して水で遊んでいました。その声が楽しそうで、すぐに止めなければと思いましたが、しばらくFの様子を見てしまいました。A先生もFを止めずにしばらく見守っていました。Fは満足したのか、横でやさしく見守っていたA先生のほうへ「あー」と大きな声を出して駆け寄りました。A先生が「楽しかったね。でもぬれちゃったね。冷たいね。着替えようか？」と話しかけると、Fは自分のぬれた洋服を触っていました。その後、私がFの着替えを手伝うことになりましたが、上手に着替えを手伝うことができずにもたもたしているとFは「あっ、あっ」と短く声を出して私を見ました。ようやく着替えがおわると、今度は着替えて気持ちがよかったのか、「あー、あー」と声を出していました。Fは私たちが使うような言葉を話したりはしませんが、私たちが話す言葉は理解しているようです。また、Fの「あ」の言葉には、いろいろな声の出し方があり、この出し方の変化がFなりの言葉なのではないかと思いました。着替えがおわってFが気持ちよさそうに「あー、あー」と声をあげたとき、「気持ちいいよ。着替えさせてくれてありがとう」と言われたような気がしてうれしく思いました。

言葉が使えないからといって言葉が理解できない、言葉が話せないと決めつけず、一人ひとりをよく観察していくことが必要だと思いました。ほかの子どもの様子もよく観察し理解したいと思います。

〈言葉以外のコミュニケーション〉

コミュニケーションには言葉以外の方法もあることに気づきました。午前中の活動のエアートランポリンの遊びを担当しました。Jがエアートランポリンに乗りたそうにしていましたが、一人では怖いのかそばでずっと見ていたので、「一緒に乗ってみる」と話しかけ、Jを抱っこしてエアートランポリンに乗ってみました。Jは最初、体をこわばらせて私にしがみついていましたが、私がJの体をしっかりと抱いてエアートランポリンの揺れに体を任せてみると、Jの体のこわばりがゆるみ、私に体を預けてくれる感覚がわかりました。しばらくJとエアートランポリンで体を一緒に揺らしていると、Jと私の体の揺れが同化したように思いました。その揺れが気持ちよかったのかJはうっとりとしていました。私もその揺れがとても気持ちよく、Jと気持ちが一つになれたような感じがしてうれしくなりました。

POINT 子ども一人ひとりの様子を詳細に記述しましょう。

Jとのエアートランポリンの遊びを通して、私は互いの気持ちを伝え合ったり、気持ちを共有する手段を言葉に頼りすぎていたのではないかと思いました。目を合わせたり、肌をふれあってみたり、体を一緒に動かしてみたりすることも大事なコミュニケーションなのではないかと思います。

〈印象に残った出来事〉

今日はとても印象に残った出来事がありました。給食のとき、Aが興奮をして私の腕に噛みつきました。私が「痛い」と言うと、Aはすぐにやめました。その後、落ち着いたのかAは噛んでしまった私の腕をじっと見つめ、心配そうになでてくれました。なぜ、Aが急に私の腕を噛んだのか、最初はよくわかりませんでしたが、後でよく考えてみると、Aが楽しみにしていたプリンを一度Aの前に出したにもかかわらず、食後に出すことに気づいて何も言わずにさげてしまったからだとわかりました。Aには申し訳ないことをしてしまいました。自分の行動や言葉がいろいろなことに影響してしまうことをもっと意識していかなければならないと感じました。

POINT 自分のかかわりを振り返って省察しましょう。

Let's try 1　実習日誌を添削してみよう

下記の実習日誌は、乳児院で実習した際の時系列の記録の部分である。もっとよい記録にするため添削してみよう。右の例（Ⅰ）にならって、実習日誌の各欄（Ⅱ「子どもの様子」、Ⅲ「保育士の援助」、Ⅳ「実習生の動きと気づき」）から不十分だと思うところに下線を引き、何が不十分でどうしたらよいかをコメントしてみよう。

3月8日（金） 天候　晴れ	男児4名：U（7か月児）、M（9か月児）、A（1歳2か月児）、L（1歳3か月児） 女児4名：S（9か月児）、H（10か月児）、I（11か月児）、J（1歳1か月児）			Ⅰ
今日の実習のねらい	・保育士の様子を観察する ①			
時間	子どもの様子	保育士の援助	実習生の動きと気づき	
8：00	○朝食 ・Uは保育士に離乳食を食べさせてもらう。 ・ほかの子はできないところを保育士に手伝ってもらって自分で食べる。	・Uの離乳食を食べさせる。	・「おいしいね」「アム、アム」と言葉をかけながら食事の介助をする。	
8：30	○おむつ交換 ・食事をおえた子どもからおむつを交換してもらう。	・子ども一人ひとりていねいにおむつを交換する。	・Iのおむつを交換する。	
9：00	○遊び・睡眠 ・Uは指を吸って眠そうにする。 ・MとSも途中で眠くなり、ベッドで眠る。 ・H・A・L・Jは、保育士、実習生と遊ぶ。	・Uのサインに気づき、ベッドに連れて行き寝かせる。 ・子ども一人ひとりの生活リズムに合わせて、寝かせたり、遊びへの援助をする。	・子どもと遊ぶ。	
10：00	○授乳 ・Uはミルクを飲む。	・目覚めたUを抱いてあやす。 ・Uの授乳をする。		
10：15	○おむつ交換 ・MとSが目覚め、おむつを交換してもらう。	・子ども一人ひとりの状況に合わせて、おむつ交換をする。	・Mのおむつ交換をする。	
10：30	○戸外遊び（A・L・J） ・保育士と庭の花を見たり、庭を歩いたりして遊ぶ。	・庭の花を見せたり、花のにおいをかがせたりして、子どもが興味をもてるようにする。	・戸外に出て一緒に遊ぶ。	
	Ⅱ	Ⅲ	Ⅳ	

（略）

<例>

No.	コメント
Ⅰ	下線 ① 実習のねらいが大きすぎる。「保育士の様子」の何を学びたいのか、もう少し絞って具体的にするとよい。

No.	コメント
Ⅱ	下線 ②
	下線 ③
	下線 ④
Ⅲ	下線 ⑤
Ⅳ	下線 ⑥
	下線 ⑦

Let's try 1

解説

時系列の実習日誌の記述で、どのような部分が足りなかったか、右頁の実習日誌の修正例を確認しながら、具体的に見ていきましょう。

POINT ① 実習のねらいは具体的にしよう

実習のねらいが大きすぎたり、抽象的であったりすると、その日一日、何を学んだらよいのか具体的に見えてきません。実習のねらいは、自分が実習で何を観察し、どんな体験に力を入れて、どんなことを学びたいのかをよく考え、できるだけ具体的に書くようにしましょう。

POINT ② 子ども一人ひとりの発達の姿をとらえよう

乳児院で生活する子どもは、発達の月齢差・個人差が大きく、こうした子ども一人ひとりの発達の様子を観察し、とらえていくことがとても大事です。子どもというひとくくりでとらえるのではなく、子ども一人ひとりの発達の姿をとらえて記録するようにすると学びが深まります。

POINT ③ 具体的な遊びの内容を書こう

子どもにとって遊びはとても大切です。子どもが「遊ぶ」というだけの記録でなく、子どもが何をして、どのように遊んだのかということもよく観察して記録しましょう。

POINT ④ 子どもの行動だけでなく内面もとらえて記述しよう

子どもがどのようなことをしたのか、その様子を具体的にとらえていくとともに、表情や体の動き、声の出し方などもよく観察して、子どもの内面が見えてくるような記述をするとよいでしょう。

POINT ⑤ 保育士が援助をどのようにしていたかを記述しよう

保育士の姿から学ぶことはたいへん多いものです。「離乳食を食べさせる」、「授乳する」とだけ記録するのではなく、どのように離乳食を食べさせていたのか、どのように授乳していたかを記録しておくと、その後の自分自身の実践に役立つような記録になるでしょう。

POINT ⑥ 実習生のかかわりの思いや意図を記述しよう

実習生自身もただ行動するのでなく、思いや意図をもって行動することを心がけましょう。そして、そうした思いや意図も記録に加えていくとよいでしょう。

POINT ⑦ 実習生の気づきを記述しよう

子どもの様子や保育士の姿から、気づいたことを記述していくことがとても大切です。何気ない保育士の行動にも大事な意図があったりします。こうした保育士の行動の意図を学ぶことが重要です。また、子どもの行動には意味があります。子どもの行動の意味も考えて記録することで子ども理解が深まります。

修正例

3月8日（金） 天候　晴れ	男児4名：U（7か月児）、M（9か月児）、A（1歳2か月児）、L（1歳3か月児） 女児4名：S（9か月児）、H（10か月児）、I（11か月児）、J（1歳1か月児）

今日の実習のねらい
POINT ①　・保育士の子ども一人ひとりへのかかわりの様子を学び、自らも実践する。

（Ⅰ）

時間	子どもの活動	保育士の援助	実習生の動きと気づき
8：00	○朝食 ・Uは保育士に離乳食を食べさせてもらう。 ・S、M、H、Iは、手づかみで、AとLはスプーンを使って食べる。	POINT ⑤ ・「赤いにんじん、おいしい、おいしい」などと、食べ物の名前を言ったり、見せたりして、Uの口にゆっくりと離乳食を運ぶ。	POINT ⑥ ・子どもの食べる意欲がでるよう「おいしいね」「アム、アム」と言葉をかけながら食事の介助をする。
8：30	POINT ② ○おむつ交換 ・食事をおえた子どもからおむつを交換してもらう。 ・Lはおむつをはずしてもらうとうれしそうに歩きまわる。	・お腹をさすったりしてスキンシップをとりながらおむつを交換する。	・Iのおむつを交換する。 ・「気持ちいいね」などと言葉をかけたり、歌をうたったりして楽しくおむつ交換できるようにする。
9：00	○遊び・睡眠 ・Uは指を吸って眠そうにする。 ・MとSも途中で眠くなり、ベッドで眠る。 ・Hはボールを転がして保育士と遊ぶ。 POINT ③ ・A、L、Jは、音楽に合わせて体を揺らしたりしてリズムをとり遊ぶ。	・Uのサインに気づき、ベッドに連れて行き寝かせる。 ・子ども一人ひとりの生活リズムに合わせて、寝かせたり、遊びへの援助をする。 ・音楽をかけて、子どもと一緒にリズムに合わせて体を動かす。	＊何気ない子どものサインを見逃さずにかかわることが大事だと気づいた。 POINT ⑦ ・Jを膝の上にのせて、音楽に合わせて体を揺らして遊ぶ。
10：00	○授乳 POINT ④ ・Uは保育士に抱かれて満足そうにミルクを飲む。	・目覚めたUを抱いてあやす。 ・静かなところでゆったりとソファに腰をかけ、授乳する。	
10：15	○おむつ交換 ・MとSが目覚め、おむつを交換してもらう。 ○戸外遊び（A、L、J）	・子ども一人ひとりの状況に合わせて、おむつ交換をする。	・Mのおむつ交換をする。 ＊いつもの保育士とやり方が違うのか、むずがっているようだった。 ・戸外に出て一緒に遊ぶ。
10：30	・保育士と庭の花を見たり、庭を歩いたりして遊ぶ。	・庭の花を見せたり、花のにおいをかがせたりして、子どもが興味をもてるようにする。	＊保育士の働きかけによって、子どもの興味が広がっていくのだと思った。

（略）

Ⅱ　Ⅲ　Ⅳ

環境構成図も活用しよう

幼稚園や保育所、認定こども園の保育では、環境構成が重視されています。そのため、実習日誌にも保育の環境を図で記録します。施設実習でにおいても、子どもや利用者がどのような環境の中で生活したり、活動したりしているのかをよく見ておきましょう。

職員は意図をもって環境構成をしているはずです。実習日誌には重要だと感じた場面の環境は図で記録しておきましょう。

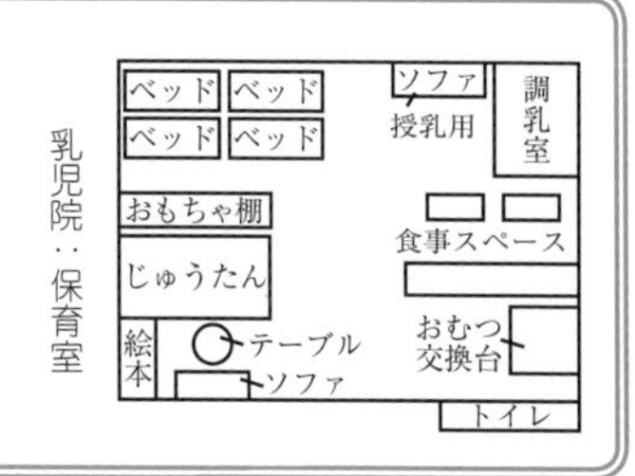

Let's try 2　実習日誌の記述の誤り箇所を見つけてみよう

下記の実習日誌は、乳児院で実習した際の感想・考察の記録の部分である。文章表記として適切でない箇所や専門的な記述として適切でない箇所が5か所ある。適切でない箇所に下線を引き、何が適切でないかコメントしてみよう。

（略）

【感想・考察】
乳児院で生活する子どもたちは、その発達が月齢によって異なるだけでなく、一人ひとりの差も大きく、保育士はその違いをよく把握した上で子ども一人ひとりに合ったかかわり、援助をしていることがわかりました。たとえば、デイリープログラムも子ども一人ひとり異なる生活リズムが大事にされていて、大人のリズムで子どもの生活を動かしているのではなく、食事や授乳、排泄、睡眠、遊びの時間が子ども一人ひとり異なっていました。大学でも個々の生活リズムが大事なことは学んでいましたが、多くの子どもたち一人ひとりの生活リズムを把握することはたいへんだなあと思いました。私自身は子ども一人ひとりの生活リズムを意識してかかわるまでには至らず、先生方の指示をいただきながら動くことで精いっぱいでした。
また、保育士の子どもへのかかわりでとても印象深かったことは、子どもとのスキンシップです。保育士は、何をするにしても子どもとのスキンシップを心がけていることがわかった。排泄にしても、ただおむつを交換するのでなく、おなかをさすったり、頬ずりをしたりしていました。授乳の際も子どもを包み込むように抱き、頭をなでたり、手を握ったりしていました。しかし、あまりにこのようなかかわりをすることは、子どもを甘やかすことにつながるのではないかと心配になりました。

No.	コメント
①	
②	
③	
④	
⑤	

次頁に「感想・考察」の修正例を示しました。下線部が実習日誌の誤りを修正した箇所（修正ポイント）です。また、網かけ部分はより充実した内容になるように修正した箇所（充実ポイント）になりますので、誤り部分とあわせて、記述のポイントを確認しましょう。

Let's try 2

解説

感想・考察の実習日誌の記述で、どのような部分が足りなかったか、下記の実習日誌の修正例を確認しながら、具体的に見ていきましょう。

〜〜〜〜〜〜〜〜〜〜〜〜〜〜〜〜〜〜〜〜〜（略）〜〜〜〜〜〜〜〜〜〜〜〜〜〜〜〜〜〜〜〜〜

【感想・考察】

今日は、保育士の子ども一人ひとりへのかかわりの様子をよく観察して学び、その学びを自らも子どもへのかかわりに生かして実践することを目標に実習に取り組みました。

<保育士の子どもへのかかわりについて>

乳児院で生活する子どもたちは、その発達が月齢によって異なるだけでなく、個人差も大きく、保育士はその違いをよく把握した上で子ども一人ひとりに合ったかかわり、援助をしていることがわかりました。たとえば、デイリープログラムも子ども一人ひとり異なる生活リズムが大事にされていて、大人のリズムで子どもの生活を動かしているのではなく、食事や授乳、排泄、睡眠、遊びの時間が子ども一人ひとり異なっていました。大学でも個々の生活リズムが大事なことは学んでいましたが、多くの子どもたち一人ひとりの生活リズムを把握することはたいへんなことだと思いました。保育士は一人ひとりの生活リズムを把握するために、子ども一人ひとりの生活を事細かに記録されており、24時間の子どもの生活を全職員が把握し対応できるようにしていることをあとで教えていただきました。

また、保育士の子どもへのかかわりでとても印象深かったことは、子どもとのスキンシップです。保育士は、何をするにしても子どもとのスキンシップを心がけていることがわかりました。排泄にしても、ただおむつを交換するのでなく、おなかをさすったり、頬ずりをしたりしていました。授乳の際も子どもを包み込むように抱き、頭をなでたり、手を握ったりしていました。子どもと保育士とがスキンシップを通して心を通わせ、満ち足りたときを過ごすことはこの時期に大事な愛着の形成に欠かせないかかわりであると思いました。

<自分自身の子どもとのかかわりについて>

子ども一人ひとりの生活リズムに合わせたかかわりの重要性を理解することはできたものの、私自身は子ども一人ひとりの生活リズムを意識してかかわるまでには至らず、先生方の指示をいただきながら動くことで精いっぱいでした。もう少し先を見通してかかわることができたらよかったと思います。子ども一人ひとりの生活の記録も見せていただけたので、明日からはこうした記録も把握しながら子ども一人ひとりの生活リズムを見通したかかわりができるようにしたいです。

保育士の姿から子どもとのスキンシップの大切さを学ばせていただき、私も子どもとスキンシップをとってみたいと思い実践してみました。午前中の遊びの際、音楽を流すと子どもたちは楽しそうに体を揺らしたりしてそのリズムを楽しんでいました。私も楽しくなり体を揺らしていると、Jちゃんも近くに来て体を揺らしはじめました。Jちゃんと目が合って思わずにっこりほほ笑むと、Jちゃんは私の膝の上に乗ってきました。Jちゃんの体の揺れと、私の体の揺れが重なり、とても心地よい時間が過ごせたように感じました。Jちゃんもうれしそうに私の膝の上から顔を見上げて微笑む姿がありましたが、私も心からJちゃんとのふれあいがうれしく感じた瞬間でした。スキンシップは子どもの心を満足させるだけでなく、大人の心も満たしてくれるものなのかもしれないと思いました。この実習の中で、少しでも子どもとのスキンシップの時間を多くとれるようにしたいです。

充実 POINT：その日の実習のねらいについて、書きまとめるようにしましょう。

修正 POINT①：段落替えをしたら一文字あけましょう。

充実 POINT：見出しをつけるなど読みやすい工夫をしましょう。

修正 POINT②：一人ひとりの発達の差を個人差といいます。

修正 POINT③：口語体ではなく、文語体で書きましょう。

充実 POINT：指導いただいた助言なども書きまとめておくとよいでしょう。

修正 POINT④：「です・ます」体、「である」体、どちらかにそろえましょう。

修正 POINT⑤：発達の基本を学んでおきましょう。乳児期のスキンシップは愛着形成の上でもとても大切です。

充実 POINT：翌日の実習の課題も見出しましょう。

充実 POINT：具体的な子どもの様子や自分自身の子どもへのかかわりと、それに対する感想や考察を書きましょう。ここでは、実習生に具体的な子どもとのかかわりの様子をあらためて聞き直し、前頁の日誌では記載されていなかった事項を記載しています。

指導計画案とは

施設におけるさまざまな計画を理解しよう

施設では、さまざまな計画が作成されています。施設の運営に関する「運営計画」と、その基となる運営理念および基本方針を実現させるために作成される「長期計画」・「中期計画」があり、さらに年度ごとにそれらを具体化した「事業計画」があります。

児童養護施設など養護系の施設では、子どもや利用者一人ひとりの自立に向けて支援を行うという観点から、「**自立支援計画**」と呼ばれる計画を立てます。また、障害系の施設では、子どもや利用者一人ひとりについて、その心身や生活の状況の理解に基づき、必要な支援の目標、内容、方法をまとめた「**個別指導計画**」があります。

実習生も、こうした計画のもと、施設での支援が行われていることを理解して実習に臨むことが必要です。個人情報の観点からすべての計画を見せていただくことはできないかもしれませんが、可能な範囲でこうした計画についても閲覧させてもらい、計画の理解に努めましょう。

施設実習での部分実習や責任実習について確認しよう

実習の終盤には、保育所の実習と同様に、実習生が一定の時間内の活動を担当者に代わって行う部分実習や責任実習が行われます。部分実習や責任実習が行われるかは、施設の状況にもよります。一日の長い時間任されるような責任実習が実施されることは少ないですが、部分実習やレクリエーションの時間を担当する機会はあるかもしれません。もし、そのような機会に恵まれたら、積極的に取り組みたいものです。そのためにも、施設での部分実習や責任実習の実際や指導計画案の立案についてしっかり学んでおきましょう。先にも述べたとおり、施設実習では一日を任される責任実習を行う機会が少ないため、本書では部分実習の指導計画案を例に解説します（本書 p.104 ～ 105 参照）。

よく実施される施設での部分実習の例

乳児院：1、2歳児が楽しめそうな遊び（ex. 手遊びやリズム遊び、絵本や紙芝居等）
児童発達支援センター：朝・帰りの会（ex. 出欠確認、手遊び、絵本、紙芝居等）
障害者支援施設：レクリエーション活動（ex. 歌、楽器の演奏、劇等）
児童館：午前中…未就園児（０～３歳未満）の親子遊び、午後…小学生が楽しめそうな遊び

部分実習や責任実習の指導計画案の立案をしよう

部分実習や責任実習を実施する際は、その計画「**指導計画案（指導案）**」を立案します。指導案の用紙は、施設で指定される場合もありますが、とくに指定がないときには養成校で提示された用紙を使って構いません。また、施設で立案している計画を見せていただくことがむずかしい場合も多いので、その際は「年間行事計画」や「一日の生活の流れ」を参考にするとよいでしょう。立案にあたっては、以下のような手順で行います。

指導案の立案の手順

事前に

① 施設の「年間行事計画」や「一日の生活の流れ」を理解する。
② 一日の生活の流れと、担当する時間帯の普段の状況を確認する。
③ ①と②のほか、指導されたことを踏まえて、どんな活動を行いたいかを考える。
④ 行いたい活動について実習担当の職員に相談する。
⑤ 指導案の用紙について指定があるか確認する。
⑥ 指導案の提出の流れと期日を確認する。

計画の立案

① 子どもおよび利用者の状況を把握する。
② 活動のねらいと内容を設定する。
③ 活動の流れを考える。
④ 活動の展開に必要な物品や場など、環境の構成を考える。
⑤ 子どもおよび利用者の姿を予想する。
⑥ 必要な援助とその留意点を考える。
⑦ ①～⑥を踏まえて、指導案用紙に下書きをする。
⑧ 下書きは実習担当の職員に見ていただき、修正をして清書する。

実践後

実践後は、評価・反省を行います。評価・反省を行うことで、次につなげていきます。

＜評価の観点＞

- ねらいや活動内容は適切であったか。
- 環境構成は適切であったか。
- 援助は適切であったか。

職員からの評価、助言もいただき、まとめておくとよいでしょう。

指導案例① 部分実習（児童館）
── 午前中の未就園児親子の活動

2月20日（火）　ぴよぴよクラブ（2～3歳の子ども・親20組）	実習生氏名　○○○○

＜親子の様子＞ ・週2回のクラブを楽しみにしており、ほとんどの親子が毎回参加している。母親同士も顔見知りで交流を楽しむ姿がある。 ・ほとんどの子どもが3歳の誕生日を迎えており、4月には幼稚園の入園を控えている。児童館にはすっかり慣れ、母親から離れて遊ぶ姿もよく見られる。また、顔見知りの友達とかかわる姿も見られる。 ・リズム遊びや体を動かす遊びを楽しむ姿がある。	ねらい	・親子でふれあうことの楽しさや喜びを味わう。
	内容	・紙芝居「ピッツァぼうや」を見る。 ・ふれあい遊び「ピッツァぼうや」を楽しむ。

時間	環境構成	予想される親子の活動	援助の留意点
10:30	プレイルーム 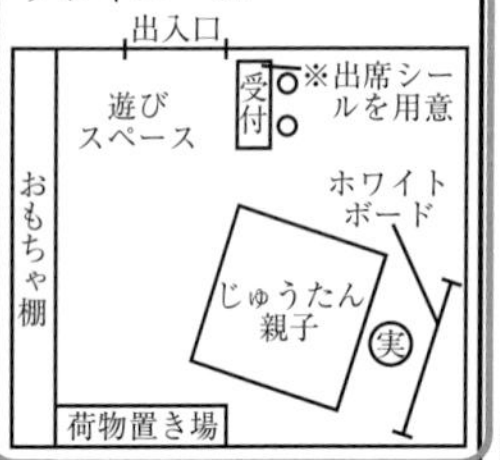 ・じゅうたんを敷いて、親子が座れる場をつくる。 ・ホワイトボード、マグネットを用意しておく。	○手遊び「くっつきぼうず」 ・実習生のまねをして、親子で手遊びを楽しむ。 ・母親と体をくっつけることを喜ぶ。 ・母親に促され、顔見知りの友達とも体をくっつけてみる。	・はじめて行う手遊びなので、動作は大きく、親子がまねしやすいようにゆっくりとやって見せる。 ・最後の「～なんでもくっつけ」のところでは、親子で体のいろいろな箇所をくっつけてふれあいを楽しめるようにする。 ・子どもの様子を見ながら、可能であれば近くの友達と体をくっつけられるよう働きかける。 ・最後に自分の手のひらと膝をくっつけておわりにする。
10:35	・手づくり紙芝居「ピッツァぼうや」（作ウィリアム・スタイグ）を用意しておく。 ・全員、紙芝居が見えているかを確認する。	○紙芝居「ピッツァぼうや」 ・母親の膝の上で紙芝居を見る。 ・紙芝居が楽しくて立ち上がる子どももいる。	・子どもの興味をひくように後ろから紙芝居を出す。 ・言葉は明瞭に、子どもが聞きやすい声の大きさや抑揚に留意して紙芝居を演じる。 ・絵をゆっくり見られるように子どものペースに合わせて紙芝居を進めていく。
10:45	・ふれあい遊びでは周囲の人とぶつからないように広がってもらう。	○ふれあい遊び「ピッツァぼうや」 ・母親がピザのつくり手になり、子どもをピザに見立ててピザをつくる。 ①子どもの体を生地に見立ててこねて伸ばす。 ②子どもの体（ピザ生地）の上にチーズ、トマト等具材をのせる。 ③子ども（ピザ）をオーブンに運んで焼く。 ④ナイフで切って食べる。 ・子どもは母親にふれられることを楽しむ。 ・最後、食べられるところでは声をあげて笑ったり、逃げたりして喜ぶ姿がある。	・紙芝居をおえたところで、「今日はみんなをお母さんがピザにしちゃいます」と言い、ふれあい遊びへとつなげる。 ・紙芝居の絵を1枚ずつホワイトボードに貼って見せ、ピザをつくる工程をやって見せながら一緒に行えるようにする。 ・親子がふれあいを楽しめているか様子を見ながら進める。 ・ふれあいを楽しめていないような親子がいれば、言葉をかけ一緒に楽しめるようにする。 ・最後、十分に親子で楽しんだら、「おいしいピザができましたね。また遊びましょう」と言っておわりにする。

POINT 環境構成図を示すとわかりやすいでしょう。

POINT 把握している親子の様子から予想してみましょう。

POINT 留意する点を具体的に書きましょう。

POINT 子どもの姿は具体的に予想しましょう。

部分実習（児童発達支援センター）
── 朝の集まり

9月12日（木）　わかば組12名		実習生氏名　○○○○
<子どもの姿> ・朝の集まりでは、子ども一人ひとり、それぞれのやり方であいさつや出席確認の返事を行う姿がある。「おはよう」と言葉であいさつをする子、お辞儀をしてあいさつをする子、手を振ってあいさつする子がいる。また、出席確認の返事では、元気よく「はい」と手を上げて返事をする子、言葉はないが職員と一緒に手を上げて返事をする子がいる。 ・音楽が好きな子どもが多く、曲を流すと自然と体を揺らしたり、知っている曲では口ずさむ子どももいる。Yは、大きな音が苦手で、大きな音がすると耳をふさいで声を上げ泣き出すが、一方できれいな音には耳を傾けている。	ねらい	・さまざまな楽器の音を楽しむ。
	内容	・ペープサート「山の音楽家」を見る。 ・楽器（鈴、カスタネット、縦笛、小太鼓）の音を聴く。

時間	環境構成	予想される子どもの活動	援助の留意点
9:30	保育室 （ピアノ、楽器、テーブル、ペープサート舞台、実、ロッカー、絵本、じゅうたん、おもちゃ棚、出入口）	○朝のあいさつ ・「おはよう」と言葉であいさつをする子ども、お辞儀をしてあいさつをする子ども、手を振ってあいさつをする子どもなど、それぞれの仕方であいさつをする。	・子どもたちの顔を見ながら、明るく元気に「おはようございます」とあいさつをする。 ・それぞれのあいさつを受け止めるようにする。
	・円形にいすを並べ、全員が顔を見られるようにする。 ・ペープサート「山の音楽家」を用意する。 ・楽器（鈴・カスタネット・縦笛・小太鼓）を用意する。	○出欠確認 ・元気よく「はい」と手を上げて返事をする子ども、言葉はないが職員と一緒に手をあげて返事をする子どもがいる。	・一人ひとりの目を見て名前をゆっくりと呼ぶ。 ・ほかの職員と連携をとり、子ども一人ひとりの状況に合わせて、返事の援助をする。 ・子どもの返事を「○○ちゃん、元気ですね」、「○○ちゃん、すてきなあいさつですね」と一人ひとりの名前を呼びながら受け止めるようにする。 ・「何が出てくるかな？」と、ペープサートを背中から出して子どもたちの興味をひく。
		○ペープサート「山の音楽家」 ・背中から何が出てくるのか楽しみながらペープサートを見る。 ・実習生の歌を聴き、自然と体を歌に合わせて揺らしている子どももいる。	・ペープサートの動物たちを見せながら、ゆっくりと「山の音楽家」の曲をうたって聴かせる。 ・リズムを楽しんでいる姿を受け止め、子どもたちの体の動きに合わせてうたうようにする。 ・もう一度、「山の音楽家」をうたい、今度は本物の楽器の音を歌に合わせて鳴らしてみせる（リス：鈴、うさぎ：カスタネット、小鳥：縦笛、たぬき：小太鼓）。
		・楽器の音に興味をもって聞く。 ・楽器の音をもっと聴きたがる子どももいる。	・楽器の音は、やさしく鳴らし、音色の美しさを味わえるよう留意する。 ・もっと聴きたがるようであれば、もう一度楽器の音を鳴らしてみせる。 ・Yが音をいやがるようであれば無理をしないよう留意し、ほかの職員と連携をとって別室へ移動できるようにする。
		・ペープサートの動物たちに「さよなら」をする。	・最後は、もう一度楽器の音を鳴らし子どもに聴かせながら、動物たちが森に帰っておわりにする。

POINT 子ども一人ひとりのさまざまな姿を予想しましょう。

POINT 一人ひとりの状況に応じた配慮を考えましょう。そのためにはほかの職員との連携も視野においた計画にしましょう。

POINT 援助の意図を書きましょう。

部分実習・責任実習・レクリエーション

施設では具体的にどのような活動を行えばよいのだろう

施設で行う部分実習・責任実習・レクリエーションなどの活動（以下、部分実習）も**基本的には幼稚園や保育所、認定こども園と同じ**です。何か特別なことを求められているわけではありませんので、これまでに学習してきた活動や遊び（たとえば、素話や手遊び、紙芝居など）を、それぞれの施設の状況に合わせて応用するとよいでしょう。

プログラムの中で部分実習を行う場合

まず、その施設において、そのプログラムがどのように行われているのか観察し、**プログラム自体の目的や活動の流れを把握**しましょう。一人ひとりの状態に合わせたプログラムが用意できるように、職員から話を聞いたり、可能であれば「個別支援計画」や「個別指導計画」などの資料を閲覧して情報収集を行いましょう。本書でも一例として「感触遊び（感覚遊び）」（本書 p.108 ～ 109 参照）を紹介していますので参考にしてみましょう。

余暇活動として部分実習を行う場合

施設実習では、余暇活動やレクリエーションとして**「楽しみ」の要素の強いものが求められる**ことが多くあります。グループ活動として行われることが多いので、そのグループ内の人間関係を観察しておきましょう。普段からトラブルが起こりがちな人間関係がある場合は、どのように仲立ちをすればよいのか、職員と相談しておくとよいでしょう。

どのような部分実習をすればよいのかわからない場合

幼稚園や保育所、認定こども園での実習と異なり、事前に施設の中での生活の様子を十分に把握することはむずかしいため、部分実習で何を用意すればよいかわからず、不安になる人も多いと思います。その場合、施設の子どもや利用者に「鑑賞」してもらえるような「出し物」を事前準備しておくと心強いでしょう。**自分自身の特技を生かした「出し物」をいくつか準備しておく**ことで、将来もいろいろな場面で役立ちます。

たとえば、音楽が得意であれば、キーボードやピアノに限らず、演奏できる楽器で演奏会のように披露してみるのもよいでしょう。製作が得意であれば、紙芝居やパペットなどをあらかじめつくり演じることで、すでに聞いたことのあるお話でも楽しく鑑賞してもらえることでしょう。本書では、誰でも気軽に挑戦できる「マジック（手品）」を紹介していますので参考にしてみましょう（本書 p.110 ～ 111）。

部分実習のポイント

具体的に部分実習を考える際には、以下のポイントを参考にしてみましょう。

POINT ① 対象となる人の年齢・理解の程度を把握しよう

施設の場合、対象となる年齢はさまざまです。ほとんどの場合、実際の年齢と精神年齢が一致していないことにも注意してください。職員とも相談しながら、適切に状況把握し、個別の配慮が十分に行き届くようにしましょう。

POINT ② 対象となる人の好みを把握しよう

一般的にいえば、年齢が高くなるほど、好みは細分化され、自分の好みではないものを素直に受け入れることはむずかしくなります。また、年齢の低い場合には、スキンシップや感覚を重視する遊びが好まれますが、障害特性によっては、それらが苦手なこともあります。施設実習の場合、教育的側面よりも「楽しみ」に重点をおいた内容を求められることもあるので、 一人ひとりの好みを把握し、活動目的に沿って配慮しましょう。

POINT ③ 対象となる人数を把握しよう

まず、マンツーマンなのか、数人のグループなのか、大勢なのかなどを確認しましょう。さらに、途中で飛び入り参加や途中退出はどの程度まで許容してよいか、チェックしておきましょう。集中して活動に取り組みたい場合には、参加者を限定したほうがよいでしょう。

POINT ④ 手伝いの人手がどの程度まで確保できるのか把握しよう

準備や片づけのとき、あるいは部分実習中に、どれだけ職員にサポートに入ってもらえるのかを事前にチェックしておきましょう。準備や片づけの時間が必要な場合は、あらかじめ申し出て、その時間をどのように確保するのか相談しておきましょう。

POINT ⑤ 活動で使用する場所や部屋の確認をしよう

充実した活動にするためには、幼稚園や保育所、認定こども園の実習と同様、環境設定はとても大事です。外出を伴う場合には、道順や緊急時の連絡方法を確認しましょう。室内の場合は、準備・片づけのほかにリハーサルもあるので、場所だけでなく、その部屋が使える時間帯もチェックし、必要な分は確保できるよう、職員と相談しておきましょう。

POINT ⑥ リハーサルは念入りにしよう

部分実習の本番では、予想もつかないことが起こるものです。アクシデントにも柔軟に対処できるために、本番の様子をあらゆる角度からシミュレーションしておきましょう。大きな鏡の前で実演してみたり、友人や家族に見てもらうなどするとよいでしょう。繰り返していねいにリハーサルをすることで、起こりうるアクシデントも予想することができ、準備が足りない部分に気づくことができます。

感触遊び（感覚遊び）

近年では、衛生環境が整えられているため、ドロドロ・ヌルヌル・ベタベタといった感触を経験する機会は少なくなりました。**触覚は原始的な感覚**といわれます。幼い子どもや障害がある人々にとっては、俗に「五感」（視覚・聴覚・触覚・味覚・嗅覚）と呼ばれるもののうち、理解しやすい感覚です。このため、療育的なかかわりや治療的なかかわりがなされる施設では、感触遊びがさかんに行われています。

感触遊びに慣れ親しんできた場合は別ですが、単に素材を手渡しただけでは、遊びが続かないことがほとんどです。また、実習生自身も、感触遊びのおもしろさがわかっていないと、その場を盛り上げていくことができません。**実習に行く前に、実際にじっくりと遊んでみて、素材の特徴や感触遊びのおもしろさをつかんでおくようにしましょう。**

子どもや利用者の中には、障害特性によって、その感覚自体が苦手な人もいます。しかし、いろいろな感覚を経験し、受け入れるという療育的な意義があります。苦手な人でも、少しずつ慣れていってもらえるよう、時間をかけてていねいに進めてみましょう。

感触遊びのポイント

素材について

- かならず、事前に職員に相談しましょう。とくに、子どもや利用者のアレルギーチェックは必須です。アレルギーだけでなく、喘息発作の既往症のある子どもがいる場合は、ホコリが舞い上がると発作を誘発することもあるので要注意です。
- 素材にふれる皮膚に傷や湿疹などがあるときは、思わぬ体調不良につながりかねません。職員体制に余裕のあるときに行いましょう。
- 防腐剤が入っていないため、カビなどが発生する危険があります。使ったものは、その日のうちに廃棄しましょう。

環境設定について

- 事前準備や片づけに時間がかかるので、ゆとりのある時間配分にしておきましょう。

実習生自身について

- 感触は、季節や気温によって、大きく左右されます。実践する前に、実際どのような感触になるのか経験しておきましょう。

実践例　小麦粉粘土

材料　小麦粉、水、食紅（食品店で購入。赤・緑・黄の３色あり）

① 食紅を水に溶かし、色水をつくります。生地ができてから、食紅だけを混ぜてもよいですが、このやり方の場合、色が混ざる過程を楽しむことができます。

② 小麦粉に少しずつ色水を加えながら、練っていきます。最初、小麦粉の山にくぼみをつくっておき、そこに少しずつ水を注ぐと、扱いやすくなります。水分量に応じて、感触が変化していく様子を楽しみましょう。

応用　サラダオイルを混ぜてもおもしろい感触になります。小麦粉のほかに、おからやちぎった和紙・新聞紙を素材にしてみても、それぞれ異なった感触が楽しめます。

応用　色水を何種類も用意すると、混色を楽しめます。違う色の生地を組み合わせてみても楽しい活動になります。

応用　小麦粉粘土を薄く延ばして、型抜きし、グラニュー糖などをトッピングして、オーブンで焼くと、クッキーのようになり、食べることもできます。こねる段階で、サラダオイルを混ぜておくと口当たりがよくなります。

実践例　スライム遊び

材料　PVA 洗濯糊（ポリビニールアルコールの成分が大事なので、これ以外の洗濯糊では NG）、
ほう砂（薬局で購入。一箱 1,000 円程度で、一箱あれば何十人分もつくれる）、
絵の具か食紅（上記「材料」参照）、
プラスチックカップ（無色透明な容器でないと、中の状態がわかりづらい）、割り箸（混ぜるため）、
混ぜ合わせる容器

① カップに１／３まで水を入れ、絵の具や食紅を溶かして色水をつくります。

② カップに１／３まで PVA 洗濯糊を入れます。

③ カップに１／３まで水を入れ、「ほう砂」の飽和水溶液をつくります。小さじ１杯程度のほう砂を少しずつ溶かし、溶けきれなくなるまで溶かします。ほう砂の量は、水に対して１/10 が目安です。溶け残りが底に沈んだ状態になれば、その水溶液部分が飽和水溶液となるので、溶け残り部分だけを取り除きます。

④ 混ぜ合わせる容器の中に、①の色水を入れ、次に、②の PVA 洗濯糊を注いで混ぜ合わせ、最後に、③の「ほう砂」の飽和水溶液を少しずつ注ぎ、混ぜ合わせていきます。むらのない、ちょうどよい硬さに調節しましょう。

応用　色の違うスライムを何種類も用意すると、混色を楽しめます。赤・青・黄（三原色）を用意しておくと、混ぜることでさまざまな色をつくり出せることも学べるでしょう。

応用　片栗粉スライムをつくってみましょう。片栗粉と水を同量ほど用意し、混ぜ合わせます。独特の感触が楽しめます。水温の違いによっても感触が変わります。芋でアレルギー症状が出ることはほとんどないので、非常に安全です。

マジック（手品）

保育士のマジックでは、プロのマジシャンのような「手先の器用さ」はかならずしも必要ありません。ここで紹介するマジック・ショーで**一番大事なのは「演技力」**です。全身が映る鏡の前で、十分に練習してください。子どもや利用者が「まるで魔法みたい」と思えるような**雰囲気づくりや話の展開も重要**です。雰囲気づくりのためには、雰囲気に合うBGMをかけたり、余計なものを幕で覆ったりするなどの工夫をしましょう。衣装もシルクハット風の帽子や蝶ネクタイなど身につけたり、魔女の扮装をしてみても雰囲気が出ます。

もし、失敗したり、タネがわかってしまっても、焦る気持ちを顔には出さないよう心がけてください。「魔法の力が足りなかったみたいだから、みんなも応援してね。では、一緒に、チチンプイプイ……」といった具合に、うまく話をつなぎながら、自分の気持ちを落ち着けましょう。実践例に示したマジックはテクニックのいらない単純なものなので、落ち着いてやれば、失敗することはありません。「演技力」さえあれば、途中で失敗することがあっても、マジック・ショーの中の一場面として、楽しく鑑賞してもらえることでしょう。

マジック・ショーのポイント

マジックについて

- 人前では緊張してしまう人は、簡単なものを選んでおきましょう。
- テクニックではなく、「魔法のような雰囲気」を味わってもらうことを目指しましょう。

環境設定について

- BGMや小道具を工夫すると、ショーとして盛り上げられます。
- マジックの合間の話の展開の仕方は重要です。子どもや利用者の年代や興味に合わせた話題を盛り込むと楽しんでもらえます。
- 観客用のいすの配置に注意しましょう。マジックがよく見えなかったり、タネやしかけまで見えてしまうようなトラブルが起こると、ショー自体がつまらないものになってしまいます。

実習生自身について

- 実習前に十分に事前練習して、必要なテクニックは完全に習得しておきましょう。
- 万が一、失敗しても、あわてずにうまく話でつなぎ、落ち着いてやり直せば大丈夫です。
- 途中でタネがわかってしまい指摘されても、最後まで真剣な顔をくずさないようにしましょう。テクニックよりも、ムードが大事であることを忘れないようにしましょう。

実践例　不思議なペットボトル

ペットボトル、白と赤の絵の具、紙コップ、ハガキ（厚紙）

① ペットボトルとラベルの間に、親指を指し込み、これで支えながら、あたかも、ペットボトルだけで空中浮遊しているかのように演じる。

② 空ペットボトルに、白い絵の具を溶かした水を入れ、キャップの内側に赤い絵の具をつけておきます。シェイクすると白い水がピンク色の水に！

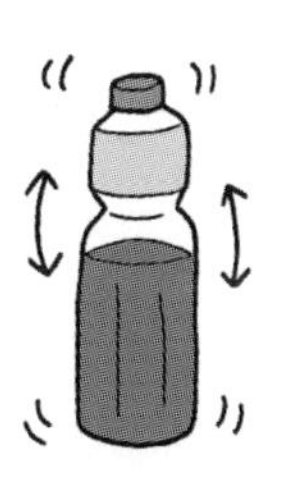

③ コップにペットボトルの水を注ぎ、ハガキでふたをして、ひっくり返す。ひっくり返しても、こぼれない！

マジックを選択する際の参考図書

『3（スリー）ステップでできる！　世界で一番やさしいマジック』藤原邦恭、いかだ社 、2022

簡単な手順で楽しめるマジックや、折り紙を使って手軽に楽しめるマジックなど、さまざまな場面で使えます。

『お誕生会を変える！　保育きらきらマジック』藤原邦恭、世界文化社、2013

演出のコツや、さまざまな場面で応用するためのアレンジ方法だけでなく、失敗しそうな落とし穴の回避テクニックや、失敗したときのリカバリーポイントもわかります。

Let's try　マジック・ショーをやってみよう

紹介した「不思議なペットボトル」のマジックを友人同士で行ってみよう。そのほかのマジックも調べて練習してみよう。

STEP ①　「不思議なペットボトル」のマジックを自分の実習先で行うことを想定し、会話を盛り込みながら練習してみよう。

STEP ②　友人同士で見せ合って、よい点や改善点について意見交換してみよう。

STEP ③　実習で取り入れられるそのほかのマジックを探して練習してみよう。

日々の振り返り

日々を振り返り、実りの多い実習にしよう

実習先によって振り返り（反省会）の頻度や内容はさまざまです。「毎日行う」「中間期と最終日の２回のみ行う」「最終日のみ行う」など施設によってさまざまで、反省会への参加者も施設によって違います。いつどのような形で実施するのかは、オリエンテーション時に確認をしておきましょう。

反省会がどの形で実施されるにしても、**毎日、その日のねらいに基づいて実習を振り返り、自己評価しましょう**。しかし、実習生の多くは、「自己評価をする」だけでおわってしまいがちです。とくに施設実習の場合は「施設に慣れる」ことで精一杯になり、「実習のねらい」などの課題に変化が見られないことが予想されます。そのような状態に陥らないように、右のように確認するポイントを整理し、日々振り返るようにしましょう。

振り返りの確認ポイント

確認ポイント	check
・施設の子どもや利用者の特徴を把握したか	
・施設での子どもや利用者同士は、どのような人間関係だったか	
・施設の職員は、どのようなことに配慮して子どもや利用者とかかわっているか	
・生活全般（食事や入浴、手洗いなど）の援助がどのように行われているか	
・施設で子どもや利用者が余暇の時間をどのように過ごしているか	
・施設では子どもや利用者の安全や疾病予防をどのように取り組み、工夫がなされているか	
・さまざまな専門職がどのように連携をしているか	

次に**自己評価をした上で課題を明確にしていきましょう**。たとえば、ねらいを「障害特性を踏まえたかかわりをする」とした場合、そのねらいが思うように達成されなければ、「どうして達成されなかったのか？」を振り返り、翌日の実習に生かします。逆にねらいが達成された場合は、次にどのような段階に進みたいのかを考えます。

あわせてその日のねらいだけではなく、実習全体の目的と照らし合わせてとらえていきます。つまり、実習全体の目的に対してその日の実習がどのような意味をもつかを考えます。このことにより、実習全体を意識できるとともに、日々の学びに広がりや深まりが生じ、さらに計画的な学びを実行できるのです。実習生はつい「これからの実習」に目を向けがちですが、「これまでの実習」をさかのぼって振り返ることも大切です。

実習は、はじまってみるとあっという間です。漠然としたねらいでは、実りが多い実習にはなりません。全体を整理し、計画的に実習を進めていけるよう以下のようにおおまかに「前期」「中期」「後期」の３期にわけて考えていくとよいでしょう。

実習のねらいの参考例

前期	中期	後期
・施設先の概要を理解する。 ・子どもや利用者の抱える問題や生育歴を理解する。 ・子どもや利用者および職員の氏名を覚える。	・子どもや利用者とコミュニケーションを深める。 ・職員が子どもや利用者にどのようなかかわり（援助やコミュニケーションなど）をしているのかを理解する。	・前期、中期で学んだことを土台として、子どもや利用者一人ひとりの支援計画の実際について理解を深める。 ・責任実習がある場合、計画的に進める。 ・これまでを振り返り、反省とまとめをする。

反省会で出された問題点を具体化することを心がけましょう。自分が気がついていないことを指摘されたり自分ではよくできたと思っている部分を指摘されたりする点は、とくに注意が必要です。なぜなら、指摘を受けた部分は自覚化できないことから、実習終了までに変化が見られないままになってしまいやすいからです。

また、実習生は「できなかったこと」「失敗したこと」を反省会で強調したり考えたりしがちですが、「うまくできたこと」「ほめられたこと」なども振り返る材料に含めていき、今後に生かすようにしましょう。

振り返りを促すため質問をまとめておこう

実習における質問は、実習生の学びにとって重要な位置を占めます。その内容や方法によって「どのような姿勢で臨んでいるのか」を示しているといってよいでしょう。つまり受け身ではなく積極的に取り組んでいるかどうかの姿勢によって職員の対応に違いが生まれます。このことを踏まえて、振り返る要素となる実習生の質問を考えていきましょう。

実習生は学びの途中なので、構えずに疑問や理解できなかったことを解消していきましょう。そのまま放置することは、実習を放棄していることを意味します。

質問の方法は、実習担当の職員に直接うかがうのが基本ですが、実習日誌に書き込んで質問するなど状況によって変えるとよいでしょう。子どもや利用者の生活や活動をともにしている以上、実習生も一人の援助者となります。その場で判断して援助するためには、その場で質問をすることも必要です。しかし、質問の内容が大きな事項や個別性が高い事項（発達課題や人権の保障、詳細な生育歴など）については、あとで直接質問をしたり、実習日誌でたずねるほうが妥当です。また、「○○のときはどうしたらよいですか？」と質問をする実習生がいますが、質問事項に対する自分自身の考えや援助の方法を示した上で回答を求めましょう。とくに実習日誌での質問の場合はその場でのやりとりができません。職員は総合的に情報を整理して判断をしています。まずは、**これまで学んできた保育理論や援助技術と照らし合わせて自分なりの考えを示す**と職員は回答しやすいでしょう。

実習先で行われる振り返り（反省会）

先にも述べたとおり、実習先での反省会の形態は実習先によって異なります。施設の都合などで、実習終了後の別の日程で行われる場合もありますが、多くの場合、実習の最後に実習全体を振り返る反省会が行われます。参加できる職員が参加する反省会もあれば、実習担当の職員と実習生のみで行われることもあります。いずれの形態にしても、実習生自身の実習への振り返りは大切です。また、学んだ内容を伝え、施設の全員（職員、子どもや利用者）に感謝の気持ちを表すという意味でも重要です。忙しい業務の合間を縫ってこのような場を設けてもらったことに感謝し、有意義な時間にしましょう。

職員は忙しい業務の合間を縫って、反省会に参加するため、負担が伴います。しかし、よき後輩を育てるために、また施設の理解を深めてもらいたいという気持ちから実習生を受け入れています。したがって実習生がどのような学びをして、施設をどのように理解したのかに関心があります。施設側にとっても反省会はとても大切な時間なのです。

実習生は社会的な話し方や場に慣れていないことから、緊張して思うように話せないことがあります。そのような姿から「意欲がない」というイメージを抱かれないように事前に**よく整理して、効率的に伝えられる準備をしておきましょう**。

反省会の日時が決まったら、反省会の全体の流れや実習生に与えられたもち時間を確認しましょう。まれにその場で考えながら、話をする実習生がいますが、慣れていないために、要領を得ず、無駄に時間が過ぎていきかねません。**事前に話す内容をあらかじめメモなどでまとめておくようにしましょう**。次頁の表を参考にまとめておくとよいでしょう。

また、実習の総まとめとなる反省会での適切な態度とマナーについてあらためて確認しておきましょう。「最後」の印象がその人への印象に大きく影響を及ぼすので、ここでしっかり確認をしておきましょう。

施設によっては、行事や勤務形態などから反省会という場を設けられないことがあります。その場合でも、実習終了時には実習担当の職員はもちろんのこと、施設の職員へ感謝の気持ちや学んだ内容を端的に伝えるようにしましょう。

反省会での適切な態度とマナー

①指定された時間の 10 分前には行き待機する
→“実習生のため”の反省会の場です。職員は通常業務の合間を縫って集まっているのです。

②着席の場合でも、あいさつの際はかならず立って行う
→「よろしくお願いいたします」「ありがとうございました」などを語尾まではっきり言いましょう。

③質問に対して自分の考えをはっきり伝える
→返答に詰まるときは、メモを見ながら、答えてもよいでしょう。また、どうしても答えられないときには、きちんとその理由を伝えましょう。

④受けた助言に対する感謝の気持ちを表す
→最後まで「指導をしていただく」という立場であることを念頭において臨みましょう。

⑤いすなどの片づけをする
→片づけまでが反省会です。準備から片づけまで責任をもって行い、感謝の言葉を添えましょう。

反省会で伝えたい内容

表中の「・」は振り返る観点、「●」は振り返りの際の留意点。

<table>
<tr><td rowspan="2">実習で学んだこと</td><td colspan="2">・実習の目的に沿って、自分自身が学んだことを整理する。
・実習中にあらたに見つかった関心や視点について整理する。
・実践している職員から学んだことや子どもや利用者とのエピソード、実習中の具体的な事実から学んだことを整理する。</td></tr>
<tr><td>例</td><td>実習を通して、入所している子どもの気持ちを汲み取りながらかかわっていくことのむずかしさと大切さを学びました。具体的な場面として、子どもが「片づけをしない」という甘え方をしてきたのですが、私は「自分でしなさい」という言葉しか出てきませんでした。しかし先生方は、まず「甘えたい」という気持ちをいったん引き受けた上で片づけを促していました。子どもの生い立ちや性格などに応じてかかわり方を変えていることに驚いたとともに子どもの気持ちを考える大切さを教えていただきました。</td></tr>
<tr><td rowspan="2">自分自身の振り返り</td><td colspan="2">・実習を通して自分が変化したことを振り返って整理する。
・自分があらためて気づいたことや、課題としながらできなかったことについても振り返り整理する。
・あらたに発見した自己課題について整理して、今後自己課題をどのように生かしていくかを考える。
●「振り返り」というと「できなったこと」を選びがちであるが、「よかったこと」も合わせて整理しておくと話しやすい。</td></tr>
<tr><td>例</td><td>「できなかったこと」 利用者への援助の仕方に戸惑いました。具体的には「どこまで手を出して、どこまで手を出さないか」がわからず戸惑うばかりでした。あまり手を出さないのもいけないし、手を出し過ぎても成長を妨げているように思うといった感じです。一人ひとりに目を向けると、全体が見えないことがありました。
「よかったこと」 利用者の様子を見ながら、できる限り多くの利用者とかかわることが目標でした。ちょっとした時間に接点をもつよう心がけました。その甲斐があって一人ひとりの特徴をつかめました。
「発見した課題」 実習前、入所している子どもは表情がなく、暴力的な行動が多いというイメージがありました。しかし、実際にかかわってみると取り立てて普通の子どもと違っていることはありませんでした。いかに自分の世界が狭く、偏ったイメージだったかを反省しました。これからは見聞を広げ、適切な知識を身につけたいと思いました。</td></tr>
<tr><td rowspan="2">実習先への質問事項</td><td colspan="2">・疑問を解消し、理解が深まるように整理する。
●疑問を解消することで、援助技術が向上するよう配慮する。
●「実習全体を振り返ってみてあらためてわいてくる疑問」「課題が漠然としていてどのように質問をしてよいかわからない疑問」「気になっていたが何となく質問できなかった疑問」など実習終了時の疑問があるかもしれない。疑問点は、実習先の職員でしか答えられないこともあるため、解決してから実習をおえる。
●「気になっていたが何となく質問できなかった疑問」については、これまで質問しなかった反省を述べてから、質問をする。
●質問が実習先の批判や評価と受け取られないように、伝え方には十分配慮する。</td></tr>
<tr><td>例</td><td>・入所している子どもが保護者の話題を出してきた際に配慮していることは何でしょうか？
・実習中、入所している子どもたちのことが少しも頭から離れませんでした。日々さまざまな背景をもった子どもたちと接しているため、勤務外の際の気持ちの切り替え方で心がけていることはありますか？</td></tr>
</table>

Let's try

反省会で伝えることを事前にまとめてみよう

上記の「反省会で伝えたい内容」を参考に実習先での反省会の前に伝えることについてまとめてみよう。

STEP ① 実習で学んだことについてまとめてみよう。
STEP ② 自分自身の振り返りについてまとめてみよう。
STEP ③ 実習先への質問事項についてまとめてみよう。

実習における トラブルシューティング

トラブルを味方に有意義な実習にしよう

実習は、みなさんがこれまで経験したことがないことの連続です。とくに施設実習では、これまで過ごしてきた環境とは異なり、「接する人」「かかわる環境」「勤務形態」などすべてが「はじめて」の連続です。したがって「スムーズにいかない」ということは容易に想像ができると思います。だからこそ、学ぶことが多く、実習生としての成長が期待できる体験となるのです。実習は「うまくいかなくて当然」と考えを切り替え、準備や配慮を怠らないようにしましょう。

「ほう（報告）れん（連絡）そう（相談）」を大切にしよう

実習は、思いがけないトラブルが頻発します。そこで大切になってくるのが、**「ほう（報告）れん（連絡）そう（相談）」**です。実習生は、職員の指示のもと実施することが多くあります。しかし何らかのトラブルが発生したときは、かならず職員に「報告・連絡・相談」をしましょう。自分勝手に解釈をして、行動に移さないように心がけます。失敗をしたからといって、隠してその場をやりすごそうとするのはやめましょう。また、わからないことは職員に相談し、自分の勝手な判断で行動することがないようにしましょう。

実は、実習生が失敗することはある程度職員は推測しています。逆に隠してしまうと、ことがさらに大きくなります。「(そのときに) 言ってくれたら……」とあとで収拾がつかないことがあります。あわせて、トラブルのときだけでなく、指示されたことが終了したときは、報告をして、次の指示を受けるよう心がけましょう。

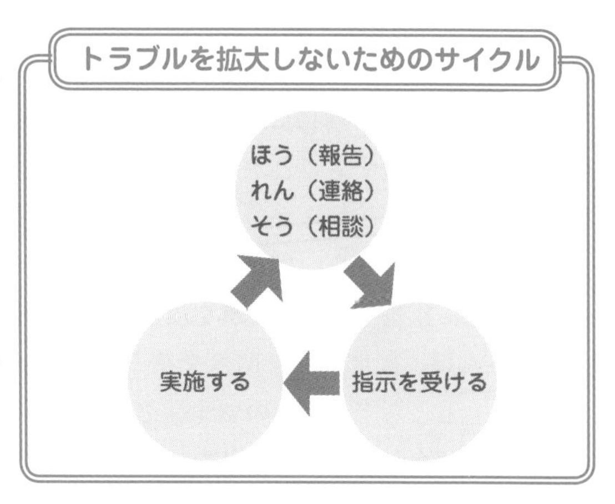

実際にあった実習中のトラブルから学ぼう

ここでは、実際にあった実習生のトラブルの事例を取り上げてみました。どのようにトラブルシューティングをしていけば、実習から多くの学びを得ることができるのか、具体的に考えていきたいと思います。

事例1　知的障害児から顔を引っかかれた！

実習がはじまってから５日後、Ａ代さんは、知的障害児のＢ也くんに顔を引っかかれました。Ａ代さんはＢ也くんとのかかわりに慣れてきた矢先の出来事だったため、ショックを受けました。Ａ代さんは、引っかかれると思ってもいなかったので、それ以後どのようにＢ也くんとかかわっていけばよいかわからなくなり、さらには他児への距離感もわからなくなってしまいました。

Ａ代さんは、Ｂ也くんに引っかかれたことで、痛かっただろうし、ショックだったことでしょう。関係を築きつつあったＢ也くんから引っかかれたことで、Ａ代さんは「Ｂ也くんに近づきたくない」「Ｂ也くんの近くにいると緊張する」などと感じはじめたかもしれません。このように知的障害児（者）が入所する施設では、引っかかれること以外に「叩かれた」「噛まれた」「髪を引っ張られた」などのトラブルは多く見られます。

引っかかれたときは、痛いことやいやであることをＢ也くんに伝え、いったんその場から離れましょう。「障害児がすることだから耐えなければならない」と一方的に考え、がまんしてやりすごす実習生がいますが、障害の有無にかかわらず、相手が痛いことや不快に思っていることをＢ也くんにきちんと教えなければいけません。事前のオリエンテーションなどで、子どもや利用者の行動特徴や対処方法について助言してくれることがありますが、このように予測できないトラブルには冷静に対処するよう心がけたいものです。そして振り返ってみて、子どもや利用者が乱暴することの原因を考えてみましょう。

また職員に引っかかれたときの状況を伝え、けがをしている場合には、小さな傷でもかならず処置をしておきます。また、情報を適切に共有する、という意味でも養成校の実習担当の教員にも詳細に伝える必要があります。

「引っかく」という行為は改善をしないと、行為が定着して、場合によっては地域や集団での生活を継続することがむずかしい状況になることがあります。B也くんのためにも職員に適切に伝え、何らかの対応をとる必要があります。そして、B也くんがなぜそのような行為をするのかを、生育歴や障害特性について施設としてどのように対応をしているのかを聞き、B也くんへの理解を深め、回避の仕方について学びましょう。

A代さんは、B也くんと関係を築きつつあったことから、「より深いB也くん理解のチャンス」ととらえたいものです。そして互いの理解が深まり、引っかく行為が減少した際には、すばらしい実践体験となることでしょう。

事例2 (>_<) **体調をくずしてしまった！**

C美さんは、保育所実習において途中で体調をくずしました。そして日程を調整して、再度実習をした経験があります。そのため施設実習では、とくに体調管理には気をつけながら最後まで取り組もうと考えていました。

しかし、実習開始7日目の朝、起床してみると体がだるかったので熱を測ってみました。すると38度前後でした。平熱から考えてみると高く、少し寒気がします。C美さんは、以前の体験から途中で実習を休むことに強い抵抗があり、保育所実習のように休むわけにはいかないと考えました。C美さんは、「がんばれば行けないこともない」と判断し出勤をしました。しかしすぐにいつもの様子ではないことを察した職員から強い調子で療養するように指導されました。「がんばってきたのに……」とC美さんはとても不満でした。

たしかにC美さんは無理をして乗り切ることができたかもしれません。いったん、実習を中止したことがあるC美さんにとって、実習を休みたくない気持ちも理解できます。しかし、体がだるい状態や発熱をしている状況で無理に実習を行うと思わぬトラブルに発展する場合があります。たとえば万が一、感染症（インフルエンザやノロウイルスなど）であった場合には、あっという間に施設全体に蔓延する可能性があります。施設には、感染症に弱い体の利用者もいます。C美さんが「がんばる」ことで取り返しのつかないケースに陥ることがあることを覚えておきましょう。

C美さんのような状態や体調不良の場合、まずは医師に診断してもらい、実習の継続が可能かどうかを判断してもらうとよいでしょう。そのため、その日の実習は欠席か遅刻になることが予想されますが、その場合は自己判断をするのではなく、自分の状態を確認して養成校と実習先にかならず連絡します。養成校か実習先のどちらか一方のみに連絡する実習生がいますが、情報が錯綜して無駄なトラブルを招くことがあるので注意が必要です。つまり「養成校・実習先に連絡→自分の状態を説明する→医師に行き診断・治療をしてもらう→養成校・実習先に詳細な説明をする」というプロセスをたどりましょう。なお、医師に実習がいつから再開できるかについても指示を仰ぎましょう。

事例3 (>_<) 手伝ってはいけない？

障害者支援施設で実習をしているD太さんは、介助のタイミングを迷う日が続きました。とくに衣服の着脱の際には、どのタイミングで介助に入ればよいか困っていました。その日は、入所者のE男さんがいつもよりも疲れているのか、とても時間がかかっており、困っているようにも見えました。そこでD太さんはE男さんの介助に入りました。すると職員から「できることは手を出さないで、少し見守っていてください」と言われました。D太さんはますますわからなくなりました。

このことは、幼稚園や保育所、認定こども園における実習と変わりません。つまり“時間がかかっても、またうまくできなくても「自分でできる」ということを大切にする”ということです。もしかしたら障害が重い場合は、「手伝ってあげないと……」と感じることがあるかもしれません。「(E男さんが) 疲れているようだから」「時間がかかるから」という理由から手伝うことは、結果的にはE男さんの気持ちや生活を侵害し、「やれること」を狭めてしまいかねません。また、障害特性から見ても「衣服を脱ぐ＝入浴」という意識づけにもつながります。

対象が「乳幼児」や「障害児 (者)」であろうとも、「自分でできる」ということは、本人の自信や励みにつながるということを忘れないようにしましょう。あわせて生活の中心は当事者本人である、ということを深く受け止めたいものです。

一方で「自分でできることは自分でする」と過剰に押しつけることは避けましょう。つまり「本人が自分でしたくなるように援助する」ということが重要なのです。そしてそのときの子どもや利用者の身体的・精神的状況に応じながら、自分で行う内容を減らし、部分的介入をすることも大切です。

また、D太さんは日常的に介助のタイミングがつかめていませんでした。このことから、職員に自分の考えを添えた上で、質問をしてみるのもよいでしょう。職員は、E男さんの生活や障害特性など、E男さんに関する情報をもっています。参考となる情報やヒントを提示してくれるでしょう。

実習中、こんなときどうする!?

入所している子どもから「誰にも言わないでね」と相談を受けました。個人的な内容なので、職員に報告したほうがよいのでしょうか？

A　誰でも秘密の話をされると「自分は信用されている」「仲よくなった証拠」と受け止めてしまいます。この場合、一人前の職員として認めてくれたと感じてうれしくなるのもわかります。しかしここで大切なのは、子どもから受けた相談が「職員としての相談」なのか、「年齢が近いことで親しみやすさから生じている友人感覚としての相談」なのかを判断することです。

相談を受けた時点で、「実習生であるため直接、相談を受けることはできない」と子どもにきちんと伝え、職員に相談を引き継いでもらい、実習生ではなく職員に対応してもらうようにしましょう。仮に子どもに失望されたり、嫌われたりしても、実習生である前に施設という組織の一員であることを踏まえ、決められた期間でのかかわりであることや責任がとれる立場ではないことを肝に銘じておくことが求められます。実習である以上、このような子どもからの個別の相談や約束は、報告義務が生じます。実習中の子どもとのかかわりにおいて、判断に迷ったらすみやかに職員の指示を仰ぎましょう。自分勝手な判断は、組織の混乱を招きます。小さなことでも報告を怠らないようにします。

最後に特定の子どもや利用者からの頻発する相談は、とくに注意が必要です。その理由として施設内の人間関係に好ましくない影響を及ぼすことをはじめとして、その子どもや利用者の性格特性（場合によっては障害特性）を基底とした偏ったかかわりかもしれません。相談の頻度や内容が過剰にエスカレートしていく可能性があるので、やはりこの場合も職員への報告を怠らないようにしましょう。

実習先の児童養護施設の子どもから暴言を吐かれます。養成校の先生から聞いていたのですが、実際に言われるととても悲しくなってしまいます。

A　児童養護施設の子どもたちは、さまざまな苦しい生育歴を背負い、それでも明るく生活をしています。苦しく悲しい体験をしてきた子どもたちを受け入れるために、施設ではさまざまな工夫がされています。しかしそれでも背負っている体験は想像以上です。辛く悲しい体験は、子どもの中に根深く残り、ときには多様な形で表出したりします。子どもから発せられる「ばか」「ブス」「帰れ」「気持ち悪い」などの言葉は、大切にされなかった自分自身の体験からくる防衛手段とも考えられます。もしあなたが「がんばって気に入られよう→でも嫌われた」「よい関係を結びたい→一方的に嫌われた」という体験をしたらどうでしょう。このような体験を幼い時期にもっとも信頼すべき存在の人から受けたとしたらと想像してみてください。想像したあなたは子どもの気持ちに一歩近づいたかもしれません。「暴言を吐く」という行為をする子どもは、「嫌われても納得できる理由をあらかじめ用意している」という行為に置き換えているのかもしれません。

では、どうしたらよいのでしょう。基本はシンプルで、大きく構えて元気に明るく接することです。粘り強くしていくことで実習後半ではよい関係のスタートが見えるかもしれません。実はそのような子どもが最後に「次はいつくるの？」「いろいろ、ありがとう」などやさしい一面をのぞかせたりするかもしれません。

オリエンテーションのときに「メモをとることに集中するあまり、大切なかかわりを怠る実習生がいる。メモはとらないように」と言われました。メモがないと日誌が書けないし、正直メモをとってはダメな理由もわかりません。

たしかにメモは必要です。オリエンテーションの際にメモをとらないで、職員とやりとりをしている実習生はいないのではないでしょうか。しかしこの場合は、状況が異なります。

基本的にメモは必要ですが、子どもや利用者の「目の前」でメモをとることは避けましょう。もしあなたが何気なく言った言葉を相手がメモにとったらどう思いますか？　もしくは、もしあなたが動くたびにメモにとられたらどう思いますか？　おそらく落ち着かなくなるのではないでしょうか。

メモ帳はなるべくもち歩かず、控え室などにおいて時間を見て記入するとよいでしょう。しかしそれだと忘れてしまうと思うかもしれません。そこで忘れないためのポイントは、子どもや利用者の気持ちを汲み取って場面を印象づけ、記憶しやすくすることです。具体的には子どもや利用者の言葉や表情、しぐさ、またはその場面で自分が行った援助やかかわりを客観的に順序立てて覚えるとよいでしょう。客観的に順序立てて覚えるようにすると忘れにくいものです。また、そのように順序立てて覚えたことをメモに書き起こすことで、自分のかかわりが適切だったか見つめ直しやすくなります。

メモを適切にとるためには、子どもや利用者をしっかりと「みる」ことです。ここで保育士に求められる「みる」について考えてみましょう。「みる」にはさまざまあり、以下のような意味があります。

＜保育士に求められる「みる」＞

- 見る→「目で見る・眺める」
- 観る→「よく見る・注意してみる」
- 看る→「世話をする・保護する」
- 視る→「身体の状態を調べる」

ここでいう観察は、「見る」ではなく「観る」ことです。「観る」ことで正確で客観的な記録をとることが可能となるでしょう。

column 雑務が多い施設実習!?

以前筆者は、施設実習をおえたある実習生に感想をたずねたことがありました。するとその実習生は「雑務が多くて途中でいやになりました。幼稚園や保育所、認定こども園の実習ではあそこまで雑務がなかったのに……。雑務にはじまって雑務におわった感じです」と返ってきて驚きました。実は、施設実習をおえた実習生の多くは、このような感想を抱いていることがあります。

では、雑務とは何を指しているのでしょうか。ここでは、食事や掃除、洗濯、そのほか直接的に子どもや利用者と接しない業務を指しています。しかし入所施設は生活の場です。施設内において日常生活を営んでいます。そのように整理していくと生活をしている場で実習をしている以上、雑務は切り離せないと考えられます。これは保育所も同じことがいえます。近年では保育所における保育時間が８時間以上を超える乳幼児はめずらしくなくなりました。まさしく生活の場だといえます。

つまり、雑務を「雑多な業務」としてとらえるのではなく、「生活支援に必要な業務」ととらえて実習に取り組むことが求められます。洗濯といってもさまざまな作業があります。たとえば「洗濯→干す→取り込む→たたむ」といった感じです。当然小学校高学年になると自立支援という認識から自分で行うことが多いですが、乳幼児から小学校低学年は職員が行います。ときには、衣服に穴が空いていたら縫ったりします。また、入所している子どもが学校に行っている間に利用スペースを清掃したり、天気がよければ布団を干したりします。つまり心地よい生活を支えるために、すべてが必要な行為であると受け止めなければならないのです。

column 余暇の時間も実習

知的障害者とともに過ごす余暇の時間をどう過ごしてよいかわからず困ってしまう実習生は多いものです。もし音楽を聴いていたら、横に並んで一緒に聴いてもよいでしょう。一人で聴きたい場合もあるので２～３曲聴いたら一言「別のところに行きますね」と添えてから移動しましょう。もし引き留めたならば、一緒に聴いていたい証拠でもあるのでそのまま聴いていましょう。

もしみんなでテレビを観ていたら、その場の雰囲気を壊さないように一人ひとりの様子（楽しんでいるか、落ち着いているか）を笑顔で観察をします。握手を求められたり、肩を叩いたりしてくる場合は、その利用者なりの「あいさつ」なのだと理解して応じましょう。

実習生が遭遇する場面として、余暇の時間などに起こる利用者同士のいざこざがあります。その場合は、双方に「どうしたの？」と言葉をかけて、いざこざの原因を整理して対応するとよいでしょう。どのように過ごしてよいかわからず、結果実習生自身がテレビを視聴しすぎて職員から注意された実習生もいます。このようなことが決してないよう注意しましょう。

施設実習に確認しておこう

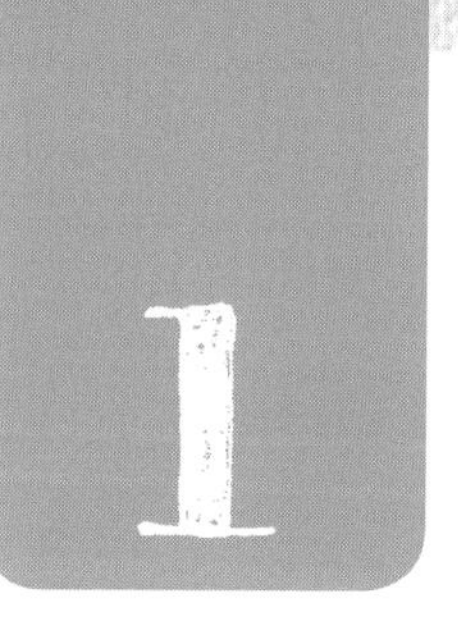

実習先へのお礼

お礼状を書こう

実習は、学生にとって学生生活という日常から離れ、非日常の体験であるため、戸惑いや緊張の連続だったはずです。しかしその中でも、新しい体験やあらたな出会いなどがあったのではないでしょうか。これらの貴重な経験ができたのも、日常の業務に加えて業務説明や子どもや利用者との関係構築の援助など、実習への多岐にわたるサポートをしてくださった職員の方々のおかげです。施設で働く職員は、次世代を担う有能な対人援助職員を育てたいという思いから援助を惜しまなかったと思います。

実習終了後、**すみやかに感謝の気持ちを込めたお礼をすること**は、基本的なマナーです。「お礼までが実習」ととらえましょう。

お礼状のポイント

内容について

指導を受けた職員の方々に自分の言葉で感謝の気持ちを表現し、エピソードや感想なども添えて書きましょう。誠意が伝わる文章にします。

書き方について

縦書きで無地の便せんを使用し、自筆で書きましょう。鉛筆やボールペンではなく、万年筆かペン（水性ボールペン）を使用し、黒色が一般的です。書いた文字を消すことのできるペンなどは不可です。なお、書き損じた場合は、用紙を替えましょう。

宛名について

施設長のみでも構いませんが、実習担当の職員との連名宛にしてもよいでしょう。名前は正確に書くことはいうまでもありません。職員と日々のかかわりの中で名前（フルネーム）をしっかり聞き、書き留めておきましょう。

差出人について

複数の実習生が同時期に同じ実習先で実習を行う場合があります。この場合は、個人で出すか、代表者が出すかは養成校の指示に従いましょう。代表者が出す場合は、実習生同士で相談した上で出しましょう。なお、この場合は差出人の住所は養成校の住所となります。

末尾について

指導を受けた職員の方は限定されているかもしれませんが、受け入れていただいた施設では実習に伴い業務内容が変更されています。したがって施設の職員全員にお礼を述べるような言葉を添えましょう。

お礼状の書き方のポイント

例文

拝啓

朝夕、少し肌寒さを感じるこの頃となりました。職員のみなさま、お変わりなくお過ごしのことと存じます。

さて、実習期間中は職員のみなさまには大変お世話になり心から感謝申し上げます。初めての施設実習であっという間でした。

今回の実習では、施設の子どもの様子や接し方、または援助の仕方など、講義では学べない多くのことを学ぶことができました。緊張したまま実習がはじまりましたが、子どもたちが笑顔で話しかけてくれたのでとてもうれしくなりました。

施設の生活にも慣れ、子どもたちとも関係が築きはじめた頃に実習が終わり、少し寂しい思いもありますが、私の中で保育士になりたいという想いが益々強くなりました。今回の学びを基に、今後もがんばっていきたいと思います。

お世話になった他の職員のみなさまにも宜しくお伝え下さい。

最後になりましたが、みなさまのご健康をお祈り申し上げます。本当にありがとうございました。

敬具

令和五年十月二十五日

東京保育大学　鈴木 花子

わかば園　施設長　田中 太郎様

ココがPOINT 時候のあいさつを書きましょう。月や季節ごとに変わるので間違えないように気をつけましょう。

ココがPOINT 学びになった事柄などを具体的に書くとよいでしょう。ただし、「辛かった」などの感想は入れないように！

ココがPOINT 今後については、前向きな内容がよいでしょう。

ココがPOINT 最後は、日付、名前、相手の名前の順に書きましょう。

封筒の書き方

【表】

123-4567

東京都緑区若葉一丁目一番地の一

社会福祉法人みどり会

わかば園

施設長　田中 太郎様

ココがPOINT 宛名は縦書きで、住所は都道府県から書きましょう。また、施設名は法人名から正式名称を書くようにしましょう。まっすぐ曲がらないようにていねいな字で書いてください。

【裏】

東京都青葉区青葉二丁目一番地の一

鈴木 花子

（東京保育大学保育こども学部保育学科）

987-6543

ココがPOINT 差出人住所は、実習生個人の住所を書きましょう。左の隅に縦書きで住所、氏名を書きます。その際、自分の通う養成校名や所属する学科名も書いておきましょう。

実習の振り返り

実習中にも実習先で、日々の振り返りや反省会を行ったことと思います。あらためて実習をおえて、養成校で実習の振り返りを行うことはなぜ重要なのでしょうか。ここでは養成校で実習を振り返ることの意義について考えてみましょう。

養成校で実習を振り返ることの意義を理解しよう

実習中は、緊張と不安の連続だったはずです。それゆえ実習最終日を迎えた際には言い表せないほどの開放感と安堵感、充実感を味わったのではないでしょうか。しかし、実習の最終目標は決して“実習を終えること”ではありません。実習全体をていねいに振り返ることで、次の課題へと誘ってくれます。貴重な体験を確かなものにするためには、実習後の養成校での振り返りが欠かせません。**客観的に自分自身の実習や実習日誌を振り返り評価すること、仲間との情報交換や学び合いで視野を広げていくこと**を通して、保育士としての自分をさらに高めていくのです。したがって、実習の振り返りとして体験したことに対して理論的整合性を整理することが求められます。

落ち着いて実習を客観的に振り返ることができる

自分の実習について客観性をもって振り返るという作業は、想像以上にむずかしいことです。自分のやってきた「よかったこと」「悪かったこと」を冷静に見つめ直すことがむずかしい理由の一つとして、自分自身の長所は自覚しにくく、短所は見ない振りをしてしまいがちだからです。つまり、正直にありのままを振り返るという行為は誰にとっても困難を伴うということです。実習中は慣れない生活や緊張と不安から、なかなか冷静に実習を振り返ることができないものですが、実習がおわり養成校に戻り、あたらめて自分自身の実習を振り返ることで、**実習中には見えなかった部分も落ち着いて見ることができます。**

仲間と情報交換することでさまざまな施設について学べる

実習体験は、各自異なります。学生同士がどのような学びをしたかなどの情報交換をすることはが大切です。辛いことや、ときには厳しい指導などについて、お互いに共感することによって、次の学びを深める意欲ともなります。さらに施設は多様であり、実習先の理念や方針、職員の個性も多様だったはずです。そこで**多様な現場についての情報を交換することは自分の知らない現場を知ること**を可能にします。また、自分が実習を経験した施設が、そのほかの施設でもみんな同じなのではと思ってしまいがちですが、仲間との情報交換によりそのような誤解も避けられます。

仲間との学び合いで視野が広がり、多面的に実習体験をとらえることができる

それぞれが体験から身につけてきたことをお互いに教え合い、学び合うことで、養護、療育などに関する知識や技術を増やすことができます。**これらを同じ時期に体験をした学生同士が情報や意見を交換し合うとお互いの視点を確認でき、子どもや福祉に対する見方や考え方、さらには職業意識まで学びを広げることができます。**

現場と養成校の往還的な学びを大切にしよう

実習は、これまで学内で学んできた養護や療育などに関する知識と技術をもとに、実際に現場に身をおいて実践と統合していく営みです。実際のかかわりを通して子どもや利用者への理解や援助技術を習得するとともに、施設の機能と運営、そしてそこで働いている職員の役割について認識を深めます。さらに、実習後は養成校に戻って、実習で学んできた実践の知をさまざまな授業の中で理論的に学んでいくことになります。

このようにして、学内での知識や技術の学習と現場での実習とを往還的に行き来して、相乗効果で統合されながら**知識と技術を自分自身の中に取り込み、実践力・応用力を高めていくのです。**

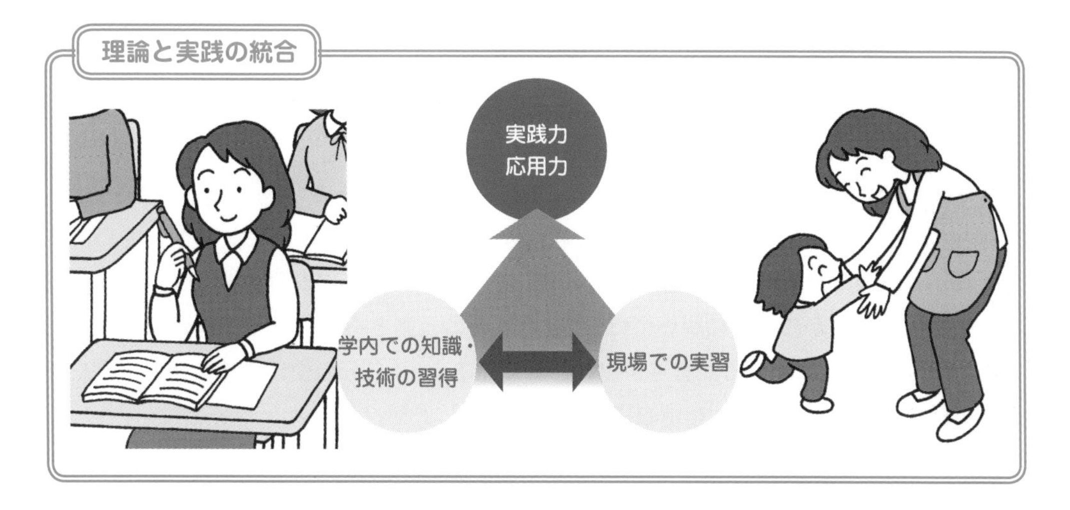

養成校での振り返りを具体的にまとめよう

実習生自身による振り返り

客観的に自分自身の実習の振り返りと自己評価を行うために、まずは「自己評価チェックシート」を活用して振り返ってみましょう（本書 p.129 参照）。

客観的に振り返ることで、自分自身の評価と施設から受けた評価と異なることにも気づ

くことができます。思っていた以上の評価を施設からもらえなかったとき「あんなにがんばったのに……」と意気消沈したかもしれませんが、客観的に振り返ることで、あなたのがんばりが子どもや利用者に“なぜ適切に伝わらなかった”という事実に気づくことができるでしょう。もしかしたら、一方的な思い込みのかかわりや環境構成がその場や状況にそぐわなかったなどの事実や反省点が見えてくるかもしれません。

実習を通して本当の意味で成長・発展できるのは、自分自身の課題を正面から受け止めて見つめ直し、自己評価が適切になされたときです。それには、施設など他者からの評価も受け止めて消化しなければなりません。自己評価を通して自分の長所や短所、課題が新たに浮き彫りになってくるはずです。施設の職員も、日ごろから自分自身の子どもや利用者との援助や指導の在り方を繰り返し振り返って次の実践に生かしています。この行為を通して、より深く、より多面的なものになっていくのです。このように**自己評価を通して実習に行った成果が、保育士としての自分の成長へと誘っていくことでしょう。**

実習日誌による振り返り

施設実習は、実習日誌の書き方もさまざまだと思います。そのため、「どのように書いたらよいかわからなかった」など苦労が多かったのではないでしょうか。しかしその分、**実習日誌は自分自身の成果や反省を読み解く貴重なツール**として機能します。

まずは、誤字・脱字や不適切な日本語文法などの有無を確認するなど、基本的な側面からの評価を行いましょう。次に子どもや利用者の観察、環境構成などの事実としての記録が残されているかを確認します。そして子どもや利用者の言動などの「事実」を踏まえた上で、言動の背景や意図などの「考察」が記述されているか確認してみましょう。「事実」と「考察」は一つのセットとして考え、振り返ってみましょう。

具体的には「登場人物（子どもや利用者・職員・実習生・保護者）」、「環境（時間・場所・活動内容など）」を読み返してみて、その状況がイメージできるように記録されているでしょうか。記録の対象者を観察し、環境の変化なども含めている記録が残せているかを確認しましょう。ほかに考察については、「登場人物の言動とその背景や意図が記録されているか」「環境設定に際する配慮点が記録されているか」「自分の受け止めなどの反省や評価が記録されているか」などを中心に確認してみましょう。

学生同士による振り返り

養成校においての振り返りとして、学生が学んだことをみんなで共有することも大切です。とくに施設の種類も増え、入所系から通所系まで幅が広がったこともあり、共通性が少なくなりました。たとえば、乳児院で実習した学生と障害者支援施設で実習した学生とでは、機能の違いから学びの内容に大きな違いがあります。つまり、施設実習には常に多様性が含まれます。したがって**学生同士のやりとりを通して、それぞれの施設を理解する**ことが求められます。

Let's try 1　自己評価チェックシートから実習を振り返ろう

自己評価チェックシートで実習を振り返ってみよう。自分の課題を意識しながらまとめてみよう。

STEP ①　自己評価チェックシートを記入する。

STEP ②　「0」評価のチェック項目を自己課題改善ワークシートに記入し、欄を埋めていく。「できなかった」と評価した中でも「できたこと」を見つけ出し評価する。

自己評価チェックシート

0：できなかった　1：ややできた　2：できた

カテゴリー	チェック項目	評価
A　態度（内在している資質）	① 社会人としての振る舞い（あいさつなど）	0　1　2
	② 健康管理	0　1　2
	③ 保育士とのコミュニケーション	0　1　2
	④ 積極的態度	0　1　2
	⑤ 助言の受け入れと改善	0　1　2
B　知識（保育士としての資質）	① 子どもや利用者の個性・特性の理解	0　1　2
	② 生活リズムに合わせた保育の理解	0　1　2
	③ 環境構成についての理解	0　1　2
	④ 施設についての理解	0　1　2
	⑤ 行動背景と入所理由、自立支援と家族援助についての理解	0　1　2
C　技術（実践的なスキル）	① 子どもや利用者との関係構築	0　1　2
	② 子どもや利用者の発達や障害特性に適したかかわり	0　1　2
	③ 実習日誌の記述	0　1　2
	④ 指導案の立案	0　1　2
	⑤ 子どもや利用者のニーズに即した行動	0　1　2

自己課題改善ワークシート

項目	具体的に書き出してみよう	改善策や次の課題を書き出してみよう
	できなかったこと	改善するためには
	できなかった中でもできたこと	さらによくするためには
	できなかったこと	改善するためには
	できなかった中でもできたこと	さらによくするためには
	できなかったこと	改善するためには
	できなかった中でもできたこと	さらによくするためには

● 「Let's try 1」のシートはコピー（拡大）して、実習期間終了後には、毎回確認するようにしましょう。

Let's try 1

解説　「できなかった」評価を客観的にとらえてから次の課題に！

実習後の振り返りを通して、実習中では気づかなかったことをあらためて反省してみましょう。このような過程を経て、今後の学生生活や就職などの自己実現に向けて課題が明らかになっていきます。

実習は、「自分はとてもがんばった」という実感があっても、施設側の評価と合わないことがあります。この場合、施設の評価と自己評価の「ズレ」を検証することが強く求められます。検証することで、「ズレ」が生じた理由や内容が明らかになります。理由や内容が明らかになることで、単なる自己満足に陥らずにすみます。今後の自己理解のための資料としても「ズレ」た理由や内容は活用できます。

Let's try 2　実習日誌から実習を振り返ろう

返却された実習日誌からも自己の課題を振り返ってみよう。実習日誌の記述に偏りがないか確かめてみよう。

Let's try 2

解説　実習日誌は、学びの軌跡！　自分が実習を通して身につけていったものが視覚的に残っている貴重な資料からも振り返ってみましょう。

実習日誌は視覚的な実習の貴重な学びの軌跡です。次のような視点から実習日誌を振り返り、次への課題へとつなげていくとよいでしょう。

- ・生活の流れの記述が多く、経験した実習内容の反省や感想の記述が少なくないか
- ・自分自身の実践や感想が多すぎないか
- ・実習後半になるにつれて文字が雑になっていないか
- ・同じ間違いを何度も指摘されていないか

なお、実習日誌に記述する際、個人が特定できないよう注意を払っていると思います。施設実習の場合、困難を抱えている子どもや利用者のプライバシーになりますので、保管には十分注意しなければなりません。実習日誌が不必要に関係者以外の人の目にふれないよう十分に気をつけましょう。

また、実習日誌は、保育士になっても読み返すことがありますので、大切に保管しておきましょう。施設に就職した場合はもちろんのこと、保育所に就職した場合でも気になる子どもの対応に悩んだり保護者との関係がうまくいかなかったりと悩んでしまうこともあるでしょう。そのようなときには貴重な施設実習での記録を読み返すことで解決の糸口を見つけることができるかもしれません。実習日誌は保育士になってからも、日々の保育の貴重な資料にもなるのです。

Let's try 3

インタビューをしてみよう

友人同士２人１組になって、以下の流れに沿ってお互いにインタビューをしてみよう。

STEP ① 10分間を目安にインタビューをしてみよう（「施設概要」「子どもや利用者について」「実習の目標」「学んだこと」「大変だったこと」「失敗したこと」「楽しかった出来事」「感動したこと」など）。

STEP ② 20分間を目安にインタビュー内容の整理をしてみよう。

STEP ③ インタビューの内容を発表をしてみよう。

Let's try 3 解説

インタビューを通して、自分自身の実習体験を再確認して、施設の理解を深め、施設の多様性を理解する！

POINT ① インタビューのポイント

実習で「楽しかったこと」「辛かったこと」「実習日誌の扱い方」「子どもや利用者の状況」「勤務形態」など、できる限り多面的な視点から話を聞くようにするとよいでしょう。「理想的な答え」を考えすぎるあまり、内容が抽象的であったり、過度な反省ばかりになりがちです。「理想的な答え」にまとめようとすると、内容が浅く、答えが固定化してしまいますので、この点を考慮してインタビューに答えるようにしましょう。また、実習の内容より、「実習中における自分の生活」を多く話す実習生がいます。とくに日常生活から離れた「宿泊を伴う実習」を行った実習生は、とくにその傾向が強くなります。あくまでも、「実習の内容」を答えるようにしましょう。

- **守秘義務（本書p.42～43）をあらためて確認し、個人が特定できない範囲で話す。**
- **相手の「話しやすさ」を考え、傾聴を心がける。**

POINT ② インタビューの内容の整理

インタビューの内容が多岐にわたり、話された内容が豊かであった場合は、多くの材料があるため内容の整理はしやすように思いますが、実はまとめることに慣れていないとうまく整理できません。そこで以下の側面からまとめてみるようにするとよいでしょう。

実習先について	・施設の概要について ・職員の状況
子どもや利用者について	・子どもや利用者の障害の有無やその程度、または年齢など ・子どもや利用者とのかかわりの中で学んだこと（辛かったこと）
実習全般について	・実習日誌について ・実習中でとくに印象に残ったこと ・勤務状況について ・実習中の自分自身の生活について

3 先輩の体験談と現場の職員の声

先輩の体験談から学ぼう

ここでは、実習をおえた先輩たちからの体験談を紹介します。やはり実際にその場に身をおいた人の話は説得力があります。実習先の施設によって内容に違いはありますが、実習に臨む際や、実習をおえた振り返りの参考にしましょう。

実習でしか得られない貴重な多くの学び（障害者支援施設での実習）

私は宿泊を伴う実習でした。私は旅行以外で長期間宿泊をしたことがなく、実習内容よりむしろ、「週末は自宅に帰ることができるのか」「テレビは部屋にあるのか」「近くにコンビニはあるのか」など宿泊に関する心配のほうが大きかったように思います。楽しみというよりは不安のほうが強く、また、知的障害者と接する機会がなかった私はどのようにかかわったらよいか想像もできませんでした。

知的障害者の女性寮での実習がはじまり、私はどのように接してよいかわからずにいたところ、入所者がそばに寄ってきてくれたので安心しました。しかし実習をしていくうちに、「もっと入所者のことをわかりたい」と思いはじめましたが、「何が言いたいのか」「何を伝えたいのか」「何をしたいのか」がわからず、入所者の気持ちに応えられないもどかしさが増えていきました。ある日の反省会の際に、このことを職員に話したところ「毎日かかわって、理解したいという気持ちがあれば少しずつわかっていきます。言葉に頼りすぎず、言葉以外の表現を探っていきましょう」と助言をいただきました。入所者が手を握ってくれたり、歌を一緒にうたったりすることを意識するようにしていくうちに次に何をしたいかなど、何となくわかりコミュニケーションがとれるようになっていきました。

食事や入浴の援助はとても勉強になりました。食事は、入所者の噛む力が弱かったり、手指を思うように動かせなかったりなどの課題がありました。「小さく刻む」「もちやすいように手を添える」などの援助は、保育所での実習の際に学んだことが役に立ちました。入浴は、主に衣服の着脱を行いました。職員の方は、入所者の身体を洗うだけではなく、洗うことで体調の確認もしていました。

心配していた宿泊ですが、事前に養成校の先生から睡眠の大切さを指導されていたので、十分に睡眠をとるように心がけました。緊張や疲れもあったせいか、思っていた以上にすぐ眠ることができ、体調をくずすことなく、実習期間を乗り切ることができました。

実習を通してこれまでの自分の生活を考えさせられることが多かったです。とくに、サークル活動やアルバイトから交友関係が広いほうだと自負していたのですが、障害がある人とはかかわりがまったくなかったことに気がつきました。私は、講義などを通して障害について理解をしているつもりでしたが、実際にかかわってみて驚くことばかりでした。自分があまりにも「障害があるから○○だ」と一方的に決めつけていることが多く、これまで狭い考えで生きてきたことを痛感しました。また入所者は、適切な援助があれば、生活していくことができることを学びました。

最終日が近づいていくと入所者との別れが辛くなっていきました。最終日に入所者が私の手を離さず、黙って悲しそうな表情をしているので涙をこらえるのが本当に大変でした。２週間があっという間に過ぎていきました。施設実習は私にとって一つひとつが大切な学びとなりよい思い出です。

施設の機能の多様さと地域とのつながりを実習で体験（児童厚生施設での実習）

私の実習先は児童厚生施設（児童館）でしたが、当初、児童館が「子どもの健全育成の場所」ということは理解していたものの、正直、漠然としたイメージしかもてずにいました。そこであらためて児童館について調べた上で実習に臨みました。

実際に実習に行ってみると、想像以上に職員による打ち合わせが多く、その内容は、親子同士のふれあいや子どもたちの遊びに関するプログラムの企画・実施が主でした。子どもたちが多様な体験ができることやその子に合った興味・関心を引くための内容を心がけていることを学びました。そして何よりも地域の方々との協力や信頼関係の上に成り立っていることを学びました。

児童館の利用者は、乳幼児からその保護者まで幅が広く、これまで児童館を利用したことのなかった私は、児童館の機能の多様さにとても驚きました。実習を通して地域の方とのつながりの大切さを学び、児童館は人と人との関係がうまくいくことで成り立っているということが理解できました。

実習でしか学べない子どもとのかかわり（児童養護施設での実習）

私は児童養護施設で実習を行いましたが、私には実習がはじまってから思うように関係を築けていないＫ男くんがいました。Ｋ男くんは小学校３年生ですが、なかなか心を開いてくれず、距離をおいていることは感じていました。

ある日、小学校から帰ってきたＫ男くんは、めずらしく自分から話しかけてきました。「明日、プールなんだ」と笑顔でした。私は驚きながらも「じゃあ、水着用意しないとね」と言ったところ、「うん。一緒にしよう！」と応えてくれました。私もうれしくなり、一緒に準備をしました。水着用バッグ、水着、水泳帽子、バスタオルを一つひとつ確認して、最後にＫ男くんはバッグを手で軽くポンと叩いて「これでよし！」と言いました。Ｋ男くんはいつもどこか険しい表情をしたり、不機嫌な言動をしたりしているので、意外な表情でした。思わず、私もうれしくなり、「ね！」とハイタッチをしました。

何となく距離が縮まったように感じました。それとともに、苦手意識があったＫ男くんでしたが、それ以降は自然にかかわることができるようになりました。

このようにみなさんの先輩方も実習に向かう前は、わからないことも多く、不安も抱えています。しかし、それぞれの施設での実習を前向きにとらえることで、その場での経験を大きな学びに変え、実習をおえています。

実習は養成校の講義などでは学ぶことのできない数多くの経験ができる貴重な機会です。積極的に取り組み、その貴重な体験を今度はみなさんが、後輩にも伝えていけるとよいでしょう。

現場の職員の声から学ぼう

非常に残念なことですが、学生の口から「自分は保育所（あるいは幼稚園・認定こども園）に就職するつもりなのに、どうして、わざわざ施設に実習に行かなくてはいけないのか」という不満が漏れ聞こえてくることがあります。このような学生の思いは施設側にとっても「どうして、施設に就職する気もない実習生をわざわざ受け入れなければならないのか」という思いを抱かせてしまうことにつながりかねません。

施設側にとっても、実習生を受け入れることには、多くの負担が伴います。とくに児童施設は数が少ないため、一年中、さまざまな養成校から実習生を受け入れている状態です。入所施設は、子どもや利用者にとっては「家庭」に代わる「生活の場」です。一日の勉強や仕事をおえて帰宅し、くつろいでいるところに、いくら専門職の卵とはいえ、見知らぬ「他人」が踏み込んでくるわけです。このことが、子どもや利用者にとってどれだけ負担感をもたらすかは、みなさんが学校から帰って、自宅で過ごしているときに、同じ状況が起こることを想像してみるとわかるのではないでしょうか。

施設の職員は、実習に来る学生のほとんどが幼稚園や保育所、認定こども園を志望していることは、十分に承知しています。将来、自分たちの同僚あるいは同業者になるわけではないとわかっていてもなお、実習生を受け入れているのはなぜでしょうか。現場の職員は、実習生に対して次に紹介するような思いを抱いているからです。

現場からの声

1

施設を利用する人たちとじっくりかかわってほしい（児童発達支援センター 施設長）

学生のみなさんが幼かったころは、施設と地域との交流はあまり行われていなかったかもしれません。普通の人からは、養護上の問題を抱えている子ども、障害がある子どもや人は見えにくい状態だったのではないでしょうか。そのため、じっくりかかわった経験を豊富にもっていると自負できる学生は少ないと思います。養護の問題や障害に関する専門知識も少なく、実際にかかわった経験も少ない場合には、たとえ医療・教育・福祉の専門職であっても、差別や偏見を抱いてしまうことが往々にしてあります。そのような偏見をもたないためにも、少しでも多く、施設を利用する子どもや大人とじっくりかかわり、相手を知ることが大切なのです。そのためにも実習は貴重な機会となります。

現場では、学生のうちから、より多くの経験を積むことができるよう、養護上の問題を抱えている子どもや障害がある子ども、大人に対する正しい向き合い方や基礎的知識を身につけてほしいという思いで実習生を受け入れているのです。

家庭の果たしている役割の大きさを実感してほしい（障害児入所施設 職員）

入所施設は、家庭の代替としての役割をもっており、家庭的な雰囲気が出せるよう、かかわり方だけではなく、職員配置や環境設定などでも懸命な努力が重ねられています。とくに入所施設での実習は、このような努力を実際に見聞きしたり、自分自身も体験してみることができるので、生命の保持に必要な衣食住の充足だけにとどまらず、質の高い生活を送る上で、家庭が果たしている役割、とくに養育や介護を担う人の苦労を体験的に学ぶことができるはずです。

若いころは、家族のありがたみというものは、なかなか実感しにくいものです。私の場合は、障害児入所施設勤務を若いときに経験できたことで、家庭の重要性が見えてきたという経験があります。障害児入所施設での勤務のあと、保育所に転勤したとき、施設での経験は自分自身は母親経験がないにもかかわらず、保護者支援の際、保護者の気持ちに共感的に理解する上でとても役に立ちました。

施設実習の経験を幼稚園や保育所、認定こども園でも生かしてほしい（児童養護施設 職員）

施設では、入所期間が長年におよぶケースであっても、最終的には地域で生活することが目指されています。乳児院や養護施設に入所し、十数年以上施設で過ごした人であっても、成人して退所したあとは、地域で生活するようになります。やがて子どもが生まれたときに、自分自身の両親から適切にかかわってもらった経験が少ないため「よい父親」や「よい母親」のイメージがもちにくい中で、子どもを適切に育てるためには、通っている幼稚園や保育所、認定こども園からの保護者支援はきわめて重要なものとなるでしょう。このように、施設を出て在宅生活を送るためには、さまざまな地域資源を活用していく必要がありますが、幼稚園や保育所、認定こども園はその一端を担っています。

また、保育士としてのキャリアの中で、養護上の問題を抱えている子どもや障害がある子どものクラス担任となることもあるでしょう。このような子どもに対し、保育士側の経験不足から、思わず身構えてしまうことがあるかもしれませんが、施設実習の経験をヒントにしながら乗り越えていくことが期待されています。

さらに、障害がある子どもが、病院や発達支援センターでサービスを受ける際、保護者がつき添わなければなりませんが、これに伴い、後に残る兄弟姉妹の保育も必要となります。障害がある子どもの家庭では、その兄弟姉妹の世話は後まわしにされがちであるため、さまざまな心理的問題を抱えていることが明らかとなっています。障害がある子どもの家族が抱える困難を理解し、さまざまな角度から適切に対応するためにも、施設実習での経験は役に立つことでしょう。

どの施設も、慢性的に人手不足です。職員としては、目の前の業務をこなし、施設の生活にかかわっていくことで精一杯であるのが現状ですが、以上のような期待があるからこそ、実習指導を行っています。

実習生には、**自分から課題を見つけ出し、子どもや利用者とじっくりかかわったり、職員に質問したりすることで、学びを深めていく**姿勢が強く期待されています。

実習後、こんなときどうする!?

実習がおわったあとに養成校へ提出する振り返りのまとめの文章に困っています。指示された文章量も多く、何を書いたらよいのかわからないです。

施設実習では、これまでの学生生活では決して味わうことができないことを体験したのではないでしょうか。不慣れな敬語から、かかわりがほとんどなかった施設の子どもたちや大人とのかかわりまで、さまざまな面で気をつかうことがあったかもしれません。そして、貴重な時間を施設の子どもや利用者、そして職員と過ごしたことと思います。実習がおわった安堵感とともに、この実習が自分に与えたものを振り返ってみましょう。

ではまず実習課題について整理してみましょう。養成校において施設の特色や概要、社会的役割などの基礎知識を得ていたものの、いざ施設に行ってみるとそれらの知識よりも、"その場で求められる技術" のほうが必要だったことに戸惑いを覚えたのではないでしょうか。その中には意欲的に取り組んだもののできなかった、もしくは理解できなかった課題や達成できなかった課題があったと思います。しかし、その際に受けた助言や具体的な指導があり、何かを学んでいるはずです。これらを整理しましょう。そして、実習課題に対してどれだけ自分が達成できたかを確認します。

次に、実習中にかかわりがあった施設の子どもや利用者との印象に残ったエピソードがあったはずです。そのエピソードを見つめ直しましょう。施設ではその場で生活している「生活者」がいたはずです。つまり、食事や排泄、睡眠、入浴、余暇など多様な場面があったはずです。その際に実習生であるあなたがどのような援助をして何を感じたでしょうか。そしてそれを実習日誌に書いたならば、それらに対する助言が記述されていると思います。それを受けてあなたはどう変わったでしょうか。

以上のことを踏まえて記述していくようにしましょう。対人援助職にとって大切なことは、自分を客観的に見つめ直すスキルを身につけることなのです。

実習最終日に入所している子どもから「(実習生が) いなくなってさみしい。手紙を送ってほしい」と言われました。手紙を出してもよいのでしょうか?

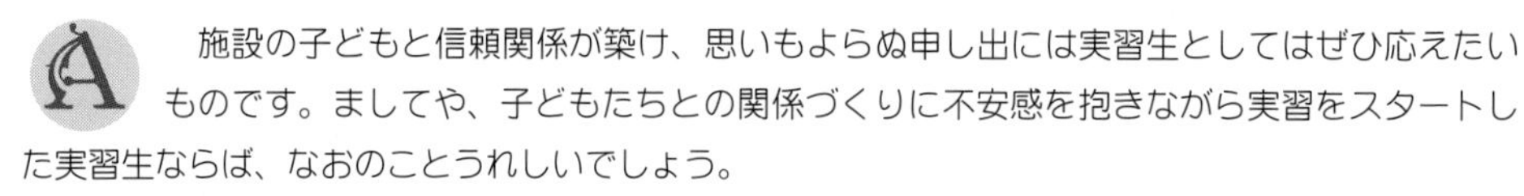

施設の子どもと信頼関係が築け、思いもよらぬ申し出には実習生としてはぜひ応えたいものです。ましてや、子どもたちとの関係づくりに不安感を抱きながら実習をスタートした実習生ならば、なおのことうれしいでしょう。

しかし、ここで安易な約束は禁物です。この場合は、「職員の方に了解を得てから」と話して、職員にきちんと相談をしましょう。了解を得たあと、手紙を送ることを約束しましょう。その際、特定の子ども宛ではなく、かかわった施設の子どもたち全員に向けた手紙を書きましょう。実習の対象者は、"その子どものみ" だったわけではないはずです。実習でかかわりがあった子どもは全員のはずです。この点は、冷静に受け止めましょう。そして自分の力量やできる範囲を見極めましょう。

ただし、実習先からボランティアとして個別学習指導員として申し出があるかもしれません。この場合は、実習先と相談して、かかわれる範囲や責務を明確にして決めましょう。なお、必要に応じ情報として養成校に知らせておくようにしましょう。

実習後に施設からボランティアに来てほしいとの申し出がありました。大学でサークルをやっているので定期的に参加するのはむずかしいのが現状です。具体的にどのように対応したらよいのでしょうか？

実習終了後に、施設から養成校を経由してボランティアの案内や依頼がくることがあります。あるいは、実習生が自分自身の情報提供の同意を得た場合も同様に案内や依頼がくることがあります。ボランティアは単発のものから継続的なもの、定期的な行事のみの手伝いや、あるいは学習指導に関するものまであるので、その内容や方法は多様です。

いずれにせよ大切なのは「自分が可能な範囲で行う」ことです。ここで「お世話になったから」という気持ちから無理にボランティアをしようとするのは好ましくありません。正直に大学でのサークル活動について伝えましょう。これは社会人としても求められるスキルでしょう。

参加できない場合は、その理由を施設に伝え、連絡するなどの対応が必要です。

学生同士の振り返りで、施設によって子どもや利用者の呼び方や接し方に大きな違いがありました。どうとらえたらよいのでしょうか？

施設では、乳児から高齢者まで幅広い年齢の人が生活をしています。施設の子どもや利用者を呼ぶ際には、礼儀のある呼び方が求められます。どの呼び方の施設であれ、この対応はくずしていなかったのではないでしょうか。呼称は、相手に対する一番わかりやすい礼儀であり、相手を尊重する意味が含まれます。一般的には「さん」をつけて呼ぶのが妥当でしょう。

呼称と同様に、接し方も敬意の問題としてとらえておく必要があります。大人や高齢者がいる施設の場合は、実習生よりも年上の人が当然多くなります。したがって年上に対して、友人のような感覚で話したり、接したりしては失礼にあたります。過剰に卑屈になる必要はありませんが、人生の先輩として礼儀をもって接することが大切です。

column　実習後に実習先の施設に足を運ぼう

期待と不安が入り混ざった状態で実習がはじまり、毎日を無我夢中で取り組んでいたら実習がおわっていた、という感じだったのではないでしょうか。また、実習初日に抱いた印象や実習担当の職員からの助言、または子どもや利用者とのすてきな出会いなど、すべてがかけがえのない思い出と財産になったのではないでしょうか。

実習がおわり「あ〜、おわった」と安堵感に浸る気持ちもわかりますが、今一度実習を振り返ってみましょう。実習から浮かび上がったあらたな自分の課題や積み残した課題はありませんか？

何らかの形で解決しておくことが必要でしょう。

解決する一番の近道は、「現場で学び直す」ことです。再度、実習先に行くと実習中とはまた違った目線で職員の動きがとらえられ、さらに子どもや利用者と新鮮なかかわりができ、客観性が増していることと思います。実習担当の職員からの助言や指導で実習中は理解できなかったことが、もしかしたら理解できるかもしれません。そこで、まずはボランティアから接点をもつとよいでしょう。

機会をみて実習先と連絡をとり、ボランティアとしてかかわることができれば、職員からより深い業務実態を学べたり、ざっくばらんな雰囲気のもとで福祉への思いや働きがいなどを聞けたりすることができるかもしれません。実習だけでは得られなかった情報を得ることで今後の進路選択の一助になるかもしれません。

column　当たり前のことを当たり前にする

施設実習は、生活の場にかかわります。したがって、掃除の仕方や洗濯の仕方、簡単な料理のつくり方など生活の基本的なスキルが必要となります。しかし施設からいただく苦情の中には「雑巾で机を拭いてくださいと言ったら、絞ったままの状態で拭いていた」「ちりとりを使ったことがないらしく、ゴミを集められなかった」「米とぎをお願いしたら洗剤を入れて洗っていた」など、耳を疑いたくなる内容も含まれます。

施設実習は、あなたの「いつもの生活」がダイレクトに映し出されます。現実的に「時間や内容がある程度決められている養成校での授業」では、カバーしきれない部分でもあります。したがって日ごろから生活技術を身につけておく必要があります。とくに保護者と一緒に暮らしながら学生生活をしている学生は、実質的に保護者が身のまわりのことをしてくれることが予想されるので、今一度自分の生活を振り返ってみましょう。「洗濯機をまわし、自分で干し、取り込みたたむ」「弁当を自分でつくり、弁当箱を洗う」「自分の部屋以外を掃除する」「計画的にお金を使う」などからはじめてみましょう。繰り返しになりますが、生活技術は、一朝一夕で身につくものではありません。生活の基本を身につけてから実習に臨みましょう。

本書参考文献等一覧

（著者五十音順）

- 内山元夫・岡本幹彦・神戸賢次編著『保育士養成課程 五訂福祉施設実習ハンドブック』みらい、2019年
- 太田光洋編著『幼稚園・保育所・施設実習 完全ガイド［第3版］── 準備から記録・計画・実践まで』ミネルヴァ書房、2018年
- 大豆生田啓友・高杉展・若月芳浩編著『最新保育講座12 幼稚園実習 保育所・施設実習［第2版］』ミネルヴァ書房、2014年
- 小田豊監修・岡本直子・鈴木みゆき・酒井幸子編著『保育士養成課程 教育・保育実習と実習指導』光生館、2012年
- 小野澤昇・田中利則編著『保育士のための福祉施設実習ハンドブック』ミネルヴァ書房、2011年
- 小櫃智子・守巧・佐藤恵・小山朝子著『改訂版　幼稚園・保育所・認定こども園実習 パーフェクトガイド』わかば社、2023年
- 川崎淳著、公益社団法人日本てんかん協会編『てんかん発作こうすれば大丈夫─発作と介助［改訂新版］』クリエイツかもがわ、2021年
- 厚生労働省「改正児童福祉法基本資料」2023年
- 厚生労働省「児童自立支援施設運営指針」2012年
- 厚生労働省「児童相談所運営指針」2013年
- 厚生労働省「児童発達支援ガイドライン」2017年
- 厚生労働省「児童福祉法の一部改正の概要について」2012年
- 厚生労働省「児童養護施設運営指針」2012年
- 厚生労働省「児童養護施設入所児童等調査結果（平成30年2月1日現在）」2020年
- 厚生労働省「障害児入所施設運営指針」2022年
- 厚生労働省「情緒障害児短期治療施設運営指針」2012年
- 厚生労働省「乳児院運営指針」2012年
- 厚生労働省「平成23年度 社会的養護の施設整備状況調査集計結果」2011年
- 厚生労働省「放課後等デイサービスガイドライン」2015年
- 厚生労働省「母子生活支援施設運営指針」2012年
- 国立特別支援教育総合研究所『特別支援教育の基礎・基本2020』ジアース教育新社、2020年
- こども家庭庁「社会的養育の推進に向けて（令和5年4月5日）」2023年
- こども家庭庁「障害児通所支援・障害児入所支援の概要」2023年
- こども家庭庁「地域子育て支援拠点事業とは（概要）」2023年
- 柴崎正行編著『障がい児保育の基礎』わかば社、2014年
- 社会福祉法人全国社会福祉協議会・全国母子生活支援施設協議会「令和2年度全国母子生活支援施設実態調査報告書（令和3年6月）」2021年
- 全国保育士養成協議会『保育実習指導のミニマムスタンダード Ver. 2 ──「協働」する保育士養成』中央法規出版、2018年
- 民秋言・安藤和彦・米谷光弘・中山正雄・安形元伸編著『施設実習［第3版］』北大路書房、2022年
- 山縣文治・福田公教・石田慎二監修『ワイド版　社会福祉小六法2020［令和2年版］資料付』ミネルヴァ書房、2020年
- 吉田幸恵・山縣文治編著『新版　よくわかる子ども家庭福祉［第2版］』ミネルヴァ書房、2023年
- 和田上貴昭・那須信樹・原孝成著『Let's have a dialogue！　ワークシートで学ぶ施設実習』同文書院、2020年

著者紹介

（※執筆順。執筆担当は、もくじ内に記載）

代表 **守　巧**（もり たくみ）　こども教育宝仙大学 こども教育学部 幼児教育学科 教授

聖学院大学大学院人間福祉学研究科修士課程修了後、幼稚園教諭として保育現場で 10 年間勤務。その後、東京福祉大学短期大学部助教、東京家政大学子ども学部子ども支援学科講師、こども教育宝仙大学こども教育学部幼児教育学科准教授を経て、現職。障害児保育演習、家庭支援論などを担当。

主な著書：『"気になる子"の気になる保護者 ―保育者にできるサポート』（チャイルド本社）、『子ども家庭支援論 ―保育の専門性を子育て家庭の支援に生かす』（萌文書林）、『保育内容 環境 ―あなたならどうしますか？』（萌文書林）、『幼稚園・保育所・認定こども園実習 パーフェクトガイド』（わかば社）、『気になる子とともに育つクラス運営・保育のポイント』（中央法規出版）他。

代表 **小櫃 智子**（おびつ ともこ）　東京家政大学 子ども支援学部 子ども支援学科 教授

東京家政大学大学院博士課程満期退学後、彰栄幼稚園にて勤務。その後、彰栄保育福祉専門学校保育科専任講師、目白大学人間学部子ども学科准教授、東京家政大学子ども学部子ども支援学科准教授を経て、現職。保育内容（人間関係）、保育実習などを担当。

主な著書：『実習日誌の書き方』（萌文書林）、『保育実習』（ミネルヴァ書房）、『幼稚園・保育所・認定こども園実習 パーフェクトガイド』（わかば社）、『実習日誌・実習指導案 パーフェクトガイド』（わかば社）、『改訂版 保育教職実践演習 これまでの学びと保育者への歩み 幼稚園保育所編』（わかば社）他。

二宮 祐子（にのみや ゆうこ）　和洋女子大学 家政学部 家政福祉学科 准教授

広島大学大学院教育学研究科博士課程前期修了後、川崎市公立の保育所・障害児入所施設・発達支援センターで 11 年間勤務（保育士）。東京学芸大学大学院連合学校教育学研究科博士課程修了（教育学博士、社会福祉士）。現職では、児童家庭福祉、社会的養護、子ども家庭支援論などを担当。

主な著書：『保育実践へのナラティヴ・アプローチ ―保育者の専門性を見いだす４つの方法』（新曜社）、『実習生の日誌事例から考察する社会的養護内容』（大学図書出版）、『保育者論』（一藝社）、『子育て支援 ―15 のストーリーで学ぶワークブック』（萌文書林）、『保育者のためのパソコン講座』（萌文書林）他。

佐藤　恵（さとう めぐみ）　日本体育大学 児童スポーツ教育学部 児童スポーツ教育学科 准教授

法政大学大学院人間社会研究科博士後期課程満期退学後、目白大学人間学部子ども学科講師、東京未来大学保育・教職センター特任講師、清和大学短期大学部こども学科講師を経て、現職。子ども家庭福祉、社会的養護Ⅰ、保育実習を担当。

主な著書：『幼稚園・保育所・認定こども園実習 パーフェクトガイド』（わかば社）、『保育園・認定こども園のための保育実習指導ガイドブック』（中央法規出版）、『ワークシートで学ぶ 施設実習』（同文書院）、『子どもの支援の基礎から学ぶ 社会的養護Ⅰ』（大学図書出版）他。

● 装丁・本文イラスト　鳥取 秀子
● 装　丁　タナカアン

施設実習　パーフェクトガイド

2014 年　9 月 15 日　初版発行
2023 年　11 月 26 日　改訂版発行

著者代表　守　巧
　　　　　小櫃 智子
発行者　川口 直子
発行所　（株）わかば社
〒 173-0004　東京都板橋区板橋 2-46-12
tel(03)6905-6880 fax(03)6905-6812
(URL)https://www.wakabasya.com
(e-mail)info@wakabasya.com
印刷 / 製本　シナノ印刷（株）

ISBN 978-4-907270-42-1 C3037